L'Oracle des
Mondes Oubliés

Illustrations : © Mel'Ange & Co.
Maquette et mise en pages : Marie Brosseau – PCA CMB.

ISBN : 978-2-36188-794-0

Imprimé en Chine.

www.editions-tredaniel.com
info@guytredaniel.fr
www.facebook.com/tredanieleso
@tredaniel_eso

Béatrice Bonnin

Illustré par Mel'Ange & Co

L'Oracle des Mondes Oubliés

ÉDITIONS
EXERGUE
27, rue des Grands-Augustins
75006 Paris

Sommaire

Les cartes

Le mot de l'auteure

Bienvenue à toi, Âme Stellaire,

As-tu déjà ressenti cette nostalgie d'un ailleurs non définissable ?

As-tu déjà rêvé de mondes fantastiques et étrangers à cette Terre ?

T'es-tu déjà sentie tellement différente de cette humanité que tu as nourri cette conviction que tu avais des origines lointaines ?

Nous y voilà...

Le voyage commence aujourd'hui...

Je te propose de visiter ces mondes fabuleux qui t'ont déjà vue naître en d'autres temps, et desquels tu as gardé l'empreinte, bien au chaud au creux de toi...

Leur étincelle ne demande qu'à être ranimée pour te délivrer les ressources dont tu as besoin en ces temps d'incarnation terrestre.

Voici quelques Mondes Oubliés, illustrés et décrits, prêts à être rencontrés.

Ils sont bien sûr tellement plus nombreux, mais il m'a fallu choisir...

J'ai donc sélectionné ici les plus à même de t'accompagner dans tes préoccupations quotidiennes typiquement humaines afin de te faciliter quelque peu le séjour...

Lors de mes «voyages» en ces lieux d'une richesse et d'une diversité incommensurables, et parfois de dimensions plus élevées que la Terre, l'un de mes challenges a été de choisir l'image-clé capable de toucher ton cœur, de faire vibrer instantanément ta Mémoire originelle, pour que ton Âme puisse prendre le relais et compléter d'elle-même la vastitude des paysages et univers...

L'autre défi a été d'en faire une description, la plus fidèle et détaillée possible, pour que ces Mondes et leurs Messagers puissent prendre vie sous le stylet de Mélanie...

Cela souvent en bousculant les codes graphiques terrestres, en tenant compte de la capacité du cerveau humain à traiter l'information aisément, en créant un pont entre connu et inconnu sans trahir les mondes, en apprenant à danser sur le fil de nos propres limites, et en laissant autant que faire se peut le trait de l'artiste s'exprimer dans son propre langage.

Nous avions ici un devoir de loyauté envers ces mondes qui se sont généreusement offerts à l'humanité, et je souhaite de tout cœur que nous ayons réussi à les honorer à leur plus juste valeur...

Une grande aventure humaine aux frontières des limites terrestres, autant qu'une ouverture à nos propres profondeurs pour t'offrir le meilleur...

Bon voyage dans cette exploration de tes Mondes Ressources, où ton Âme saura vibrer pour t'enrichir de tes potentiels infinis...

Béatrice

Le mot de l'illustratrice

C'est à mon tour de venir poser quelques mots sur ce magnifique *Oracle des Mondes Oubliés* en cocréation avec ma belle Béatrice Bonnin.

Je m'appelle Mélanie, et je suis une artiste dans l'âme. J'aime les challenges et quand j'ai découvert l'univers de Béa, je me suis : « Waouh, quel univers, quel challenge, fonce ! »

Cet univers stellaire est très peu mis en lumière, alors je trouvais chouette d'y mettre ma petite pierre à l'édifice avec mes illustrations.

Toutes les illustrations ont été dessinées selon les envies de Béatrice, de ce qu'elle voyait en clairvoyance. C'est une cocréation qui a demandé beaucoup d'adaptation, tant sur les genres, les formes et l'image des êtres de d'autres sphères.

Une cocréation entre un illustrateur et un auteur doit être en parfaite fusion pour donner naissance à une idée de cœur, soit la manifestation dans la matière la plus respectueuse.

Je te remercie Béa pour cette cocréation haute en couleur.

Je remercie notre éditrice Cathy pour son accompagnement et sa gentillesse, notre maison d'édition Trédaniel pour sa confiance et toutes les personnes qui permettent que nos projets voient le jour.

Je vous souhaite une belle connexion stellaire et de trouver, qui sait, des réponses à des questions restées trop longtemps sans réponse. Belle découverte à vous !

Bises,

Mel

Présentation de l'oracle

Au-delà des expériences de l'incarnation, deux points essentiels ont un impact sur la vie de tout être humain : son Essence originelle et le Parcours de son Âme.

Si cet oracle est entre tes mains, aucune hésitation, tu es une Âme Stellaire.

Tu fais partie des plus vieilles Âmes de l'humanité et tu as vécu un nombre incalculable de vies, dans d'autres plans, mondes et dimensions, bien avant l'existence de la Terre où tu poursuis ton périple d'évolution.

Ta Mémoire demande à être réactivée afin de te souvenir de ton voyage atypique à travers l'espace et le temps.

Tu as besoin de te reconnecter à ces Mondes Oubliés qui ont laissé en toi leur Fréquence, qui t'offre des ressources insoupçonnées lorsqu'elle se réveille.

Retrouver certains d'entre eux va accroître ta complétude en stimulant tes aptitudes oubliées, tes talents refoulés, et ta puissance originelle.

Chaque Âme Stellaire se doit de connaître sa vraie nature et sa véritable histoire, afin de ne pas oublier le pourquoi de sa présence ici, et ainsi honorer pleinement sa raison d'être.

▲

L'Oracle des Mondes Oubliés est une invitation aux voyages à travers une vision « exo-archéologique » de ton Parcours d'Âme.

Il te propose de raviver au plus profond de toi le souvenir des lieux des temps immémoriaux, que tu as visités lors de tes lointaines incarnations, soit avant ta venue sur Terre, soit en des temps terrestres si anciens qu'il n'en reste que des vestiges inexpliqués.

Il s'agit là de faire vibrer la mémoire de ton Âme pour renouer avec des mondes originels aux environnements fantastiques, et aux peuples inattendus.

Ces mondes qui ont laissé leur empreinte fréquentielle en toi et qui contribuent encore aujourd'hui en affleurant à ta conscience, à l'expansion de qui tu es.

Chaque monde a un rôle bien précis dans l'équilibre des Multivers, et donc dans ton propre équilibre.

Bien sûr, tous les Mondes Oubliés ne se réduisent pas à ces 22 lieux présentés.

J'ai eu à cœur de présenter les mondes et peuples rencontrés au cours de mes voyages d'Âme, peut-être les plus significatifs pour nous, humains en incarnation ici...

La Résonance de cet oracle

Conçu pour être d'une simplicité instinctive et d'une utilisation purement intuitive, cet oracle est accessible à toutes les Âmes curieuses et exploratrices qui souhaitent reprendre contact avec leurs origines stellaires pour mieux vivre leur humanité.

Un oracle à la destination toute personnelle pour renouer avec ce qui te rend unique à travers l'arc-en-ciel de l'itinéraire de ton Âme.

Surfer sur l'espace-temps pour retrouver la mémoire, et te rappeler que la Terre n'a pas été ton seul berceau...

Les illustrations issues de voyages d'Âme ouvrent de nouvelles dimensions à ton esprit, permettant une immersion dans ces univers qui t'ont autrefois accueillie, et de retrouver ces peuples auxquels tu as appartenu ou que tu as rencontrés...

L'oracle est composé de 44 cartes :

- 22 cartes paysages, qui te proposent de raviver ta Mémoire des lieux à travers des images-clés afin que ton Âme se souvienne et vibre de nouveau à leur Fréquence, pour réactiver l'étincelle qui animera les ressources engrammées.
- 22 cartes messagers, qui te proposent leurs enseignements en résonance avec ton quotidien et tes questionnements. Une invitation à agir pour ton épanouissement en t'offrant la possibilité d'une remise en question, d'une prise de conscience, ou d'une nouvelle vision...

Utilisation

Je te propose ici une utilisation atypique.

Cet oracle est un outil ponctuel qui va t'accompagner dans toutes tes préoccupations quotidiennes.

Tu peux faire un tirage chaque jour, ou chaque semaine, ou seulement lors d'un questionnement particulier, d'une décision à prendre, d'un tournant dans ta vie, d'un choix délicat...

Les cartes rallumeront en toi la connexion au monde ou au messager qui se présentera. C'est la Fréquence des mondes qui entre en jeu pour t'accompagner par la réactivation de l'étincelle endormie que tu portes.

Un oracle prévu pour un accompagnement intense et profond.

Un outil quotidien de rencontre avec soi, et de connexion à des capacités enfouies, perdues ou oubliées, mais qui ne demandent qu'à émerger.

IMPORTANT : les tirages se font seulement à une ou deux cartes.

TIRAGE À 1 CARTE

Pour une situation ponctuelle préoccupante, un besoin de confiance, une recherche de force intérieure, une reconnexion nécessaire, ou tout simplement l'ambiance de la journée...

- Une carte paysage te proposera de te souvenir, pour rallumer en toi la ressource dont tu as besoin pour le cas qui t'occupe ou la journée qui s'annonce.
- Une carte messager te donnera un enseignement particulier, qui te permettra d'ajuster tes pensées, tes paroles et ton attitude dans l'événement qui t'attend.

TIRAGE À 2 CARTES

Carte paysage : « Contemple l'image et souviens-toi. »

Prends le temps de te fondre quelques minutes dans le paysage présenté. Projette-toi, marche dans ce monde...

Cet exercice fait vibrer l'étincelle que tu portes, et rallume la Fréquence exoplanétaire afin de rallumer tes ressources oubliées.

Effectue quelques respirations les yeux fermés en te visualisant dans l'environnement de la carte.

Laisse-toi infuser par la Fréquence originelle, et laisse le processus agir à son rythme.

Carte messager : « Un habitant d'un monde oublié a un message pour toi. »

En rapport étroit avec ton évolution et ton interaction avec ce qui a appelé ce tirage.

Tu reçois les bons mots, les bonnes questions, les bonnes images au meilleur moment.

Laisse-toi enseigner en toute humilité.

Ose remettre tes certitudes et tes croyances en question.

Ne remplace pas tes idées par ce que tu reçois, mais complète ta sphère de connaissances.

Prends le temps de recevoir ce que tu viens de lire, et vois comment cela illustre ton quotidien du moment.

Il t'appartient ensuite d'adopter les ajustements proposés… ou pas…

Si le tirage révèle les cartes paysage et messager *d'un même monde* :

C'est une puissante configuration.

Ce monde et son habitant t'invitent à te reconnecter à eux.

Ils seront ton soutien dans les jours à venir, dans tes décisions, choix ou projets...

Laisse-toi « infuser » par l'univers que tu découvres sur la carte, imprègne-toi de l'image, de l'histoire ou du message qui l'accompagne, et laisse peu à peu ta Mémoire prendre les commandes.

Alors ce qui est prêt à être réveillé le sera, et tes propres souvenirs viendront compléter et approfondir cet environnement d'autrefois.

Tes propres images se présenteront à toi (elles seront différentes à chaque fois afin d'approfondir toujours plus ta reliance à ce monde) et tu pourras revivre l'aventure de ton Âme.

N'hésite pas à garder la/les cartes que tu as tirées en évidence sur ton bureau, sur ta table de nuit (ou sous ton oreiller) avant de t'endormir...

Laisse libre cours à ton instinct, ces mondes sont l'ancestralité de qui tu es aujourd'hui. Cet oracle est *ta* Mémoire. Laisse-toi inspirer, il te soufflera aussi comment il souhaite t'accompagner...

Les descriptions que je te propose ici restent soumises à un vocabulaire humain très réducteur au vu de l'amplitude de ce qui est exprimé.

Puisqu'il faut bien mettre des mots sur ce qui t'est révélé, pour imager le mieux possible ces souvenirs enfouis, j'emploie donc les mots de ton connu pour te décrire l'inconnu, les mots de cette Terre pour te décrire d'autres mondes...

Je sais que tu sauras voir au-delà du verbe pour t'ouvrir aux ressentis et aux émotions qui sauront compléter et enrichir tout ce que tu liras, pour avoir accès à la plus large vision de cette grande Odyssée...

LES CARTES

1

L'Océan Primordial

La déchirure ▲ De l'Unité à l'individualité

VISITE GUIDÉE

Souviens-toi de ce lieu hors de l'espace et du temps où tu baignais dans l'amour inconditionnel, insouciante et joyeuse de seulement exister…

Puis il y a eu ces premières « pensées », de simples résonances de curiosité venues de nulle part et qui allaient changer à jamais tout ton univers en t'expulsant de ton seul environnement connu.

« Qui suis-je réellement ? »

« Existe-t-il un ailleurs ? »

« Que ferais-je sans l'amour de mes sœurs Âmes ? »

« Ai-je autre chose à être ? »

Alors tu t'es brusquement sentie éjectée de ton milieu sécurisant. Tu t'es retrouvée flottant au-dessus de la masse ondoyante des autres Âmes avec lesquelles tu ne faisais qu'Une. Arrachée, sans comprendre ce qui se passait…

Il y a d'abord eu ce sentiment intense de déchirure, de rejet, d'abandon, de solitude incommensurable.

Et puis cette sensation d'aucun retour possible…

Cette obligation de devoir avancer vers… tu ne le sais pas encore…

Et ce tout premier sentiment qui naît en toi, t'étouffe et te déchire : la peur ?

Très vite, tu te retrouves submergée par une foule de sensations que tu ne connais pas, ce sont les émotions primales que tu vas apprendre à développer, à apprivoiser, puis à assumer au fil de ce long voyage qui t'appelle de plus en plus fort. Ce besoin de découverte, cette soif d'inconnu, cette faim d'apprendre et d'expérimenter…

Souviens-toi de ce moment, après ton émergence de l'océan, lorsque se fondait en toi ce paradoxe : la douleur extrême de la déchirure primordiale et cette puissante attirance à explorer les Multivers.

Ce moment de l'extraction où tu as douté un instant en vivant cette nouvelle émotion dont la violence a créé ta toute première blessure que tu porteras au plus profond de toi pour toujours, et que tu chercheras à réparer à jamais.

Cet instant infime où tu as voulu retourner dans l'océan...

Puis cet éclair de conscience qui a permis en toi la sensation d'individualité. Cette sensation de puissance audacieuse, de responsabilité subite, de goût de l'aventure...

Souviens-toi de ce moment où tu as ressenti ce besoin vertigineux d'être entendue, recueillie, apaisée, rassurée, soutenue...

Puis ce moment d'osmose réparatrice entre toi, petite Âme courageuse vouée à ce grand voyage à travers l'espace et le temps, et tous ces Multivers qui n'attendaient que toi...

2

Le Message de Saha

« Tu n'es pas une erreur »

Regarde !

C'est ton Âme que je tiens dans mes mains, et elle prend déjà une incroyable ampleur. Je t'ai cueillie à ton émergence pour adoucir ta désorientation, et t'insuffler résilience et confiance dans ce processus grandiose qu'est la naissance d'une Âme aux Multivers.

Lorsque tu es née, je t'ai immédiatement aimée inconditionnellement.

Tu es mon enfant, ma création, ma réussite, ma merveille.

Je te sais forte et audacieuse, car il en faut du courage pour assumer le choc de cette première impulsion qui ouvre tout en toi, qui explose ta forme originelle, qui déclenche cette émergence pour te projeter dans l'inconnu.

Je te sais inventive, aventureuse, et avide de tes prochaines missions.

Je te sais humble et studieuse, curieuse et fantasque...

Tu es tout, oui, TOUT.

Tu portes tout en toi, et il est important qu'aujourd'hui tu t'en souviennes.

Tu portes le meilleur comme le pire au regard des jugements terrestres.

C'est ce qui te compose, et ce qui te construit de vie en vie, car tout est à expérimenter dans les moindres détails.

Tu n'es complète qu'avec tes opposés, tu n'es entière qu'avec tes propres contraires, et il est important que tu honores chacune des parcelles qui te constituent.

Tu ne peux pas choisir, trier, jeter des parts de toi parce qu'elles semblent plus difficiles à aimer, pour toi comme pour les autres...

L'heure n'est plus au doute dans ta vie actuelle.

Souviens-toi de toutes ces missions déjà menées dans la plus grande pertinence. Tu ne peux pas échouer, car, quoi que tu vives, il n'y a pas d'erreur.

L'échec d'une Âme n'existe pas, rien n'est vécu sans l'approbation entière de l'Univers dans sa totalité. Tu fais partie de ce grand équilibre.

Cette Âme que je tiens contre mon cœur est celle qui habite ce corps qui reçoit ce message aujourd'hui.

Cette Âme qui fait étroitement équipe avec la vie, et qui ne peux JAMAIS passer à côté de ce qui est.

Alors retrouve ta confiance dans la magie de la vie, dans l'évidence de ce qui doit être. Il n'y a que cette part en toi que tu nommes « mental » qui peut refuser ou combattre parce que tel est son rôle.

Ta profondeur d'Âme sait que ce qui est, a été, ou sera est le meilleur de ce que tu avais à vivre pour te découvrir et te rencontrer chaque fois plus pleinement dans cette version de vie.

Laisse ton instinct te guider.

Laisse ta vérité te révéler.

Dans chaque vie, tu n'es que de passage, alors profite, et amuse-toi.

Car tout n'est qu'un immense jeu, où tu bondis de case en case, jusqu'à l'heure du retour...

3

Le Monde des Cimes

Essentiel et Vérité

VISITE GUIDÉE

Souviens-toi de ce monde peuplé d'arbres séculaires d'une hauteur vertigineuse dont seules les cimes sont habitables.

Leurs souches disparaissent dans un brouillard vivant, permanent et toxique, qui masque le sol et qui désintègre instantanément toute substance organique qui le touche. Seuls ces arbres y survivent, grâce à leurs troncs dont la base et les racines se sont extérieurement pétrifiées.

Ces grands êtres, gardiens de l'équilibre de ce monde, épanouissent leurs branches à l'horizontale afin d'offrir des plateformes accueillantes, où vivent les seuls habitants de ce lieu. Pas de feuilles en revanche, ni fleurs ni fruits, seule une épaisse mousse d'un blanc grisâtre tapisse les branchages par endroits.

La forêt est une seule et même entité, et tous les arbres restent en connexion permanente pour survivre. Ils développent pour cela, outre leurs racines étroitement entrelacées, une autre forme de branchages semblables à des lianes qui créent des ponts avec les plateformes voisines.

Un arbre qui perd sa connexion avec les autres meurt, s'effondre, et est désintégré par le brouillard. Il ne restera que sa souche minérale qui s'effritera lentement au fil des siècles.

Les habitants de ce monde ont un physique tentaculaire, mi-humain, mi-pieuvre, parfaitement adapté à leur déplacement sur les cimes, circulant d'une plateforme à l'autre avec une agilité incroyable.

Ils ne façonnent rien par eux-mêmes, ils utilisent simplement l'environnement tel qu'il a été créé par la nature, sans chercher à le modifier. Ce sont eux qui s'adaptent et qui se fondent dans cet espace. Il n'y a ni construction ni séparation. Les plateformes de branches enchevêtrées font office de nids, où chaque famille occupe son espace.

Quand l'un des leurs meurt, il est pratiqué une cérémonie de mouvement.

Chaque être présent enlace ses tentacules avec les autres, et dans un profond recueillement, ils laissent leurs bustes tournoyer ensemble.

Ce sont des êtres silencieux. Leur mode de communication est télépathique, ils ne possèdent d'ailleurs pas d'oreilles externes.

À l'issue de cette cérémonie, le corps est poussé par-dessus bord, et rejoint le brouillard toxique qui le digère instantanément.

C'est alors qu'on assiste à l'évaporation d'une fine brume blanc irisé, qui représente l'essence de vie qui habitait le corps, et qui s'élève pour rejoindre les cimes, se mettant de nouveau à disposition pour une nouvelle vie.

Il règne ici un grand équilibre du vivant. Chaque petit ne peut être conçu qu'après un décès afin de maintenir le même nombre d'individus sur les plateformes.

La petite brume reste vivante et se déplace parmi les habitants jusqu'à ce qu'un corps maternel soit en gestation d'un nouveau corps disponible et prêt à l'accueillir.

Ce monde maintient et protège la vibration de l'essentiel dans l'équilibre du vivant, et de la Vérité.

Il maintient la cohérence entre pensée, expression et action.

4

Le Messager des Cimes

« Cesse de te mentir »

Rappelle-toi quand tu étais des nôtres...

Cette vie de clarté et d'essentiel que tu as menée autrefois est-elle éloignée de celle que tu mènes aujourd'hui ?

Il est temps pour toi de te séparer du trop-plein de ta vie, et du trop-plein de ton être, pour faire le vide nécessaire à l'accueil du renouveau.

Épure ta vie de tout ce superflu qui encombre tes espaces intérieurs et extérieurs.

Regarde en toi...

Tous ces chagrins qui alourdissent ton cœur, ces souvenirs qui engorgent ton esprit, ces idées qui occupent ton mental, ces pollutions glanées au fil de ce que tu observes, juges ou critiques, et qui engluent ton agilité d'esprit...

Regarde autour de toi...

Tous ces objets abîmés, ébréchés ou cassés que tu conserves par négligence ou indifférence. Ces vêtements que tu n'as pas portés depuis des mois ou des années, ces livres que tu as lus plusieurs fois, ou que tu n'as jamais ouverts, toutes ces choses auxquelles tu tournes le dos et qui peuvent être recyclées.

Il est temps de les laisser circuler vers d'autres horizons. Il est temps de leur rendre leur liberté, pour ainsi accéder à la tienne, car tout ce que tu gardes te possède.

Le temps est venu de te séparer de ce qui n'est plus toi.

Tout ce qui ne te ressemble plus et qui ne nourrit plus ton énergie actuelle, mais aussi tout ce qui maintient et alimente un passé difficile ou maussade.

Un présent engorgé et lourd ne peut préparer un chemin léger vers ton futur.

L'énergie a besoin de circuler de nouveau en toi et autour de toi.

Rappelle-toi avec quelle aisance tu parcourais nos cimes, sans entrave ni barrière.

Souviens-toi de notre écosystème autogéré où rien n'est de trop et où rien ne nous manque.

Permets-toi d'atteindre la plénitude de l'essentiel, il en va de la santé de ta vie.

Il est aussi temps de cesser de te mentir.

Retrouve cette capacité de clarté et d'honnêteté qui nous caractérise.

Ici, le mensonge n'existe pas. L'évidence a toujours été notre plus précieux trésor, et tu le portes en toi.

Regarde tes pensées, tes sentiments et tes émotions en face, et fais également le tri. Il est temps d'assumer la vérité de ce qui est et de qui tu es, de ce que tu penses de toi et de ta vie dans cette vision claire qui fera que tu ne pourras plus te perdre dans les histoires que tu te racontes, et alimenter ta légende.

Ose regarder TA vérité, celle qui dérange, celle qui griffe et qui écorche ton image, celle qui est sale, celle que tu refuses...

Et ASSUME !

Assume ce que tu es, ce que tu penses, ce que tu dis et ce que tu fais, c'est le seul moyen que la vie ait trouvé pour te ramener à ta pleine authenticité.

5

Le Monde des Abysses

Harmonie et fluidité émotionnelle

VISITE GUIDÉE

Souviens-toi de ce monde à la fluidité absolue, où tout se mêle dans la cohérence la plus totale pour alimenter une Harmonie Universelle.

Un monde où chacun rayonne de ses propres couleurs et de sa propre lumière, d'autant plus révélées dans cette pure obscurité.

Chacun occupe sa place et tient son rôle avec conscience.

Personne ne surpasse ou n'empiète sur la bulle de l'autre, tout en faisant preuve d'une solidarité qui s'étend bien au-delà de cet environnement...

Aucune espèce n'en chasse une autre pour se nourrir, seul le plancton est consommé par la majeure partie des êtres vivants en ce monde, ainsi qu'une certaine catégorie d'algue bleue, cultivée au profit de la communauté.

D'ici émane une harmonie en direction de l'Univers afin de compenser les chaos existants. Les chants mêlés des habitants des profondeurs tissent une trame vibrante qui nourrit les espaces en destruction afin qu'ils puissent survivre ou renaître.

Le rôle des Abysses est essentiel à l'équilibre des Multivers.

C'est un monde relié aux émotions émises à travers l'espace et le temps, par tous les êtres vivants, tout règne confondu.

Il en est le récepteur et le guérisseur.

Toutes les sensibilités reçues en masse ici sont traitées selon leur profondeur, leur amplitude et leur teneur, avant d'être rendues en de multiples étincelles épurées, à l'équilibre du vivant.

Le Grand Poulpe, *venu d'ailleurs*, en est le Régent.

Il est de ce monde depuis la nuit des temps, aucune mémoire ne se souvient de son arrivée, seules les légendes racontent...

Se régénérant au gré des épurations émotionnelles produites, dont il se nourrit exclusivement, il est immortel.

Il répand sa sagesse sur tous les règnes de ce monde, et au-delà, administrant avec la plus grande intelligence, l'accueil et la redistribution de la Fréquence émotion.

La mémoire collective de ce peuple est engrammée dans des cristaux gigantesques et vivants, enracinés dans le cœur de leur planète, et pulsant leur lumière dans les plus grandes profondeurs. C'est un sanctuaire sacré, relié au cosmos, et qui redistribue les informations traitées et évaluées dans les mondes en demande.

Grâce à l'engagement de tous ses habitants sans exception, ce monde garde vivantes l'harmonie et la fluidité au sein des Multivers.

Un monde relié en permanence à tous les lieux aquatiques des autres planètes, avec lesquels il communique pour maintenir au mieux les Fréquences adaptées.

Quand une baleine ou un dauphin chante dans nos océans, il nous retransmet une Fréquence reçue du Monde des Abysses.

6

La Messagère des Abysses

« Ne fuis pas tes émotions »

Ici, nous recevons tous les cris de vos Âmes, toutes les peines de vos cœurs, tous vos désespoirs et vos deuils. Nous prenons soin de tout cela puisque tel est notre rôle, et nous diluons nos larmes dans l'océan.

Nous assumons toutes ces émotions dans la plus pure fluidité de l'instant où elles se présentent, et elles nourrissent notre environnement autant que nous-mêmes.

Prends le temps de te relier à nous.

Prends le temps de laisser couler tes émotions lourdes.

Pleure ! Crie ! Rage ! Ris !

Mais laisse les émotions te traverser pour ainsi leur permettre de délivrer leur message à tout ton être.

Souviens-toi de la Fréquence abyssale que tu portes. Elle autorise tes profondeurs à s'exprimer.

Les étouffer ou les dévier n'est pas le chemin...

À trop vouloir « gérer » tes émotions, à trop chercher à les contrôler et à les interpréter, à les dresser à t'obéir, tu perds ta boussole intérieure.

Alors, soit tu deviens insensible en te cloîtrant dans la rigidité d'un contrôle stérile qui te fera passer à côté de la vie...

Soit tu te laisses déborder par ce qui te touche et tu deviens hypersensible au point que tes émotions te dépassent et t'engloutissent.

Ta sphère émotionnelle est à la fois ton point fort et ton point faible.

Ton point fort, car elle te permet de tout ressentir puissance mille, de tout percevoir dans le moindre détail, de capter tout ce qui est caché à tant d'autres...

Ton point faible, car elle devient ta plus grande fragilité si tu te laisses envahir, t'extrayant totalement du monde qui t'entoure en te noyant dans des espaces destructeurs.

Deux extrêmes donc, que tu visites dans tout le désordre qu'ils génèrent en toi, mais un juste milieu existe.

C'est la voie de la fluidité. Un abandon à la justesse de ce que la vie te propose, comme étant le meilleur dont tu as besoin à ce moment-là, même si souvent tu n'en comprends pas le sens immédiatement.

Rappelle-toi que la vie sait, et que ton Âme connaît le chemin.

Il n'y a que ta part humaine qui peut s'égarer, ou en avoir l'illusion, dans sa course effrénée à trouver un sens à tout ce qu'elle traverse.

Dans ton monde, un humain qui souffre dérange parce qu'il réveille les souffrances enfouies, niées et oubliées des êtres qui l'entourent.

Les gens se cachent pour pleurer parce qu'ils se sont laissés convaincre que les larmes sont une faiblesse, et qu'il faut se montrer fort, courageux et vainqueur.

Repense à l'enfant que tu as été...

Ce petit être à qui on a appris qu'il fallait une bonne raison pour pleurer, un motif valable confirmé par un adulte. Un enfant à qui on a inculqué que ses chagrins étaient trop insignifiants pour justifier de laisser couler des larmes...

Ici, nous connaissons toute leur valeur. Ce sont des perles qui nourrissent notre océan en se fondant dans l'environnement où elles sont nées.

C'est un juste retour des choses, un équilibre retrouvé.

Les émotions ne te sont que prêtées, le temps de leur visite.

Une émotion en elle-même ne dure que sept secondes, ce qui la rend plus longue, c'est ce que tu choisis d'en faire.

Elle ne fait que passer pour t'enseigner ton propre climat, te montrer la part de toi qui a besoin d'être rassurée, la facette de ton être qui requiert ton attention.

Les émotions sont ta boussole.

Elles te montrent là où tu es, mais aussi là d'où tu viens, et où tu te diriges.

Elles sont les messagères des parts de toi que tu oublies, ignores, nies ou rejettes, et elles te rappellent où se situe ton amour de toi, et quel en est l'état actuel.

Alors assume pleinement tes émotions au lieu de les gérer.

Respire-les pleinement au lieu de les contourner.

Vis-les profondément au lieu de les dévier.

Elles sont les garantes de ton équilibre sur tous les plans, et te permettent ainsi de retrouver ta fluidité, dans tes pensées qu'elles ont triées, dans tes paroles qu'elles ont lavées, dans tes actions qu'elles ont ajustées.

Honorer tes émotions est la clé de ton harmonie.

Elles ne sont pas une honte, ni un signe de faiblesse.

Elles sont l'expression de ton courage à oser montrer au monde ce qui se passe au creux de toi.

Il s'agit là de les recevoir pour ce qu'elles représentent à ton propre équilibre, sans pour autant les entretenir, les alimenter, les décupler.

Plus tu décideras de les écouter et de les vivre, moins longtemps elles resteront en toi.

Plus tu seras attentive à leur message, moins elles auront besoin de se représenter pour le même enseignement.

Il te reste à choisir comment les vivre pour les honorer...

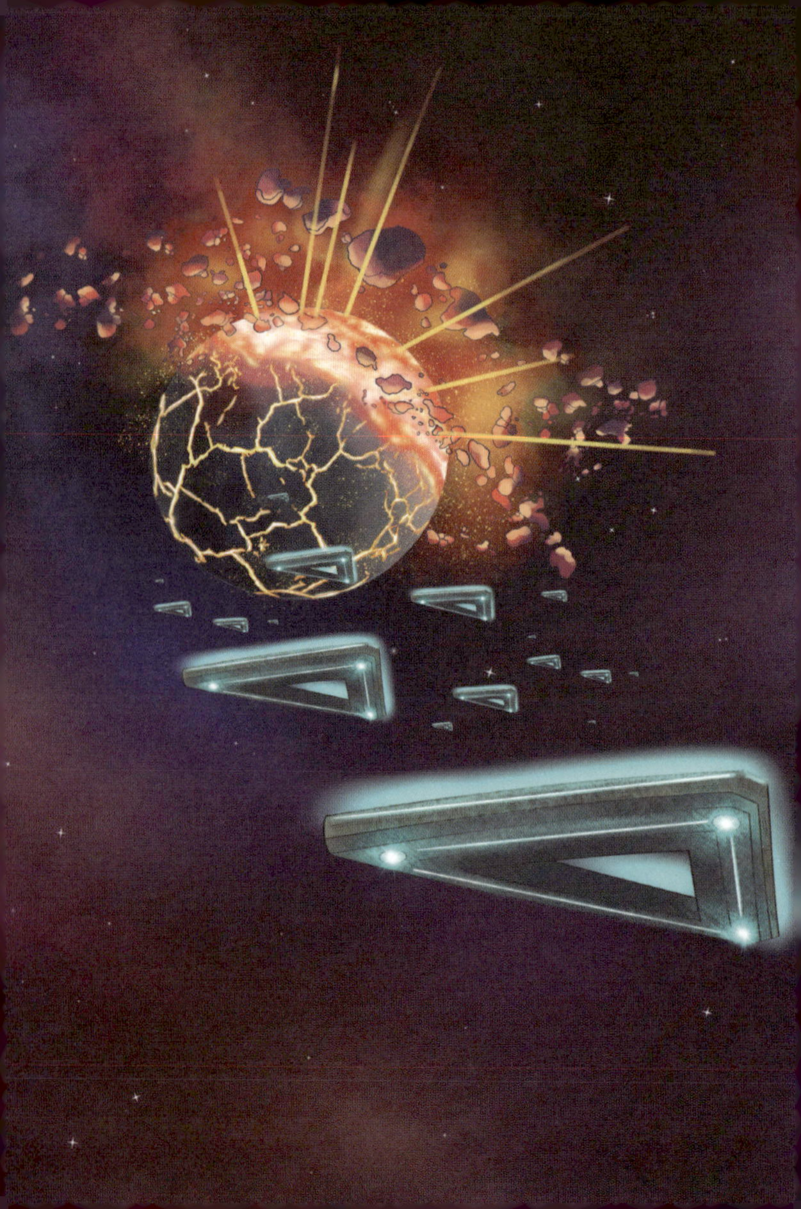

7

Le Monde des Voyageurs

Avancer sans se retourner
Explorer l'inconnu

VISITE GUIDÉE

Sauras-tu te souvenir de ce monde qui n'existe plus ?

Te souviens-tu de sa destruction ?

La construction d'immenses vaisseaux en un temps record...

La préparation de la population au grand voyage sans retour...

La sagesse des anciens, volontaires à rester pour vivre la grande extinction...

Le déchirement des familles séparées entre ceux qui partent et ceux qui restent...

Dans quel camp étais-tu ?

As-tu dit adieu à des êtres chers pour toujours en les laissant à contrecœur, à une fin terrifiante, alors que tu montais dans un vaisseau-arche ?

Étais-tu parmi les habitants qui ont laissé leur place ?

Étais-tu de ces Âmes qui ont préféré écourter leur histoire, refusant de vivre cet ultimatum mortel, ou bien de celles qui se sont découvert le courage de rester près de leur famille pour attendre la fin de leur planète aimée en leur compagnie ?

Ce monde était surpeuplé, ses ressources intégralement taries, son écosystème détruit, ses animaux sacrifiés, sa végétation brûlée, son climat anéanti...

Le point de non-retour est arrivé dans l'indifférence générale, sans que personne n'ait fait le moindre effort pour changer le cours des choses.

Le confort et la facilité l'emportaient sur le respect et la sagesse...

Le tréfonds de cette terre lointaine a commencé à s'agiter, les tremblements de terre ont détruit la quasi-totalité des structures bâties artificiellement.

Les derniers humains se sont réfugiés dans des grottes où des éboulements les ont parfois enfermés vivants. Seules les structures souterraines des élites, particulièrement renforcées, ont tenu bon, et c'est là que les vaisseaux ont pu être fabriqués.

Il y avait aussi des tempêtes de feu, générées par des orages titanesques.

Les volcans ont commencé à cracher, puis peu à peu à exploser.

Le noyau de cette terre était scrupuleusement surveillé, mais il a commencé à prendre de l'ampleur sans qu'aucune technologie ne puisse intervenir pour réduire le problème. Il gonflait de plus en plus, tel un cœur plein de sanglots.

La catastrophe était irrévocable, il ne restait qu'à se résoudre à fuir ou périr...

Alors, selon le camp choisi ou imposé, soit tu as vu les vaisseaux partir, chargés de ceux que tu aimais, et tu as attendu la destruction finale...

Soit tu es partie pour ce voyage vers l'inconnu en laissant derrière toi ton passé, ton histoire, ta lignée, des parents, des amis, et tu as vu ta planète exploser, mettant fin à ce quartier d'univers désormais vide de tout ce que tu avais connu.

Quoi qu'il en ait été, il t'a fallu trouver en toi les ressources pour vivre cette tragédie...

Alors soit tu as serré contre toi ceux que tu aimais au moment où le dernier souffle a tout balayé. Soit tu t'es concentrée sur tes souvenirs pour garder vivants en toi tes chers disparus, et tu t'es pleinement consacrée à ton rôle assigné au sein de cette nouvelle communauté exploratrice, en déplacement vers l'infini, sans savoir si une nouvelle terre pourrait un jour vous accueillir...

8

Le Messager des Voyageurs

« Accepte de perdre pour gagner »

Chaque changement est une petite mort qui se doit d'être vécue comme telle pour que le renouveau puisse déployer toute l'ampleur de ses promesses…

La vie est faite de morts et de renaissances successives…

Le passé n'est que le lieu où ton histoire est archivée, et il n'a plus rien à t'apprendre, ni à t'apporter.

Regarder derrière soi ne sert qu'à mesurer le chemin parcouru, pas pour ancrer son cœur à quelque chose qui n'existe plus dans le présent.

Vivre dans le passé promet la répétition des schémas dans le futur.

Partir, quitter, recommencer peut être vécu dans la tragédie de la perte, ou à la lumière du renouveau. Toi seule en es la décideuse.

Tu peux te perdre dans le regret et te laisser happer par le désespoir, ou bien tu peux relever la tête, redresser ta posture et commencer à regarder au loin pour mesurer l'importance de ton voyage.

Il te faut oser franchir les limites pour découvrir de nouveaux horizons, sinon tu es condamnée à la stagnation, et tu t'enliseras dans l'ennui et la routine.

Parfois, il faut choisir, accepter, puis assumer de perdre quelque chose ou quelqu'un pour ouvrir les voies du futur, et cela demande du courage, une capacité d'abandon, de la détermination et un grand respect de soi.

Explorer des chemins pas encore tracés implique d'oser franchir les frontières de ton connu pour les redessiner toi-même, comme bon te semble et là où tu veux.

Tu es une pionnière, ne l'oublie pas.

Il te reste à fonder un avenir qui te ressemble et te mérite.

Il est important que tu te gardes toujours le choix de changer d'avis, de bifurquer, de prendre un virage plus radical que les autres, de partir sans jamais te retourner.

Sans choix, l'humain passe sa vie en recherche du contraire de ce qu'il a, et c'est ainsi qu'il perpétue son mal de vivre !

Si tu reçois ce message aujourd'hui, c'est qu'il est temps pour toi de laisser aller certaines choses, certains êtres, et de les rendre à l'éternité, afin de permettre l'ouverture d'une voie vers de nouvelles expériences.

Il n'est plus sain désormais de nourrir des regrets, des peurs, des remords, et de te raccrocher à ce connu qui a changé en te laissant sur le bord du chemin.

Pars explorer les nouvelles opportunités qui existent au-delà de ta vision, la vie te réserve encore de belles surprises...

Et accepte de perdre pour gagner, c'est la clé qui t'aidera à poursuivre ton chemin vers des contrées inexplorées...

9

Le Monde des Passages

Ouvrir les portes ▲ Lever les blocages

VISITE GUIDÉE

Souviens-toi de ce monde aux proportions gigantesques. Un monde étape.

Des structures immenses à la dimension de ses habitants et de leur mission : garder et protéger les Passages vers les autres mondes, plans et dimensions.

Un monde d'ouverture permanente, où les limites n'existent pas.

Ici est reçu un flot ininterrompu de visiteurs, toutes races confondues, et ce, principalement durant leur sommeil ou leurs méditations, car les incarnations ne sont pas gérées ici, c'est une mission vouée à un autre plan.

Ce lieu ouvre la voie au voyageur de passage qui cherche l'enseignement et la compréhension en lui permettant l'immersion dans le lieu adapté.

La première chose que l'on voit, c'est son immense porte d'or aux ornements entrelacés et aux motifs inconnus, ouverte sur l'immensité des Multivers.

Devant, le sol est pavé de marbre anthracite luisant. L'étrangeté réside dans le fait que les dalles sont installées à des niveaux différents, formant une plateforme très inégale de marches aléatoires.

Deux gardiennes à l'apparence pour le moins surprenante veillent aux arrivées et aux départs. Leurs caractéristiques physiques mêlent celles de la fourmi et celles de la mante religieuse, présentant un exosquelette aux reflets métalliques dans les tons de noir et de gris. Leur posture verticale et leur gigantisme dégagent une incroyable puissance, même si leur démarche lente peut sembler hésitante malgré une posture très noble. Leur mode de déplacement longue distance s'opère par la téléportation consciente instantanée, pour visiter régulièrement les autres mondes, et s'enquérir de leur viabilité, ceci en état d'ubiquité afin de rester présentes à leur poste de gardiennes.

Ce sont des êtres d'une bonté infinie et d'une bienveillance rare, qui accueillent le visiteur pour le guider vers le monde, le plan ou la dimension dont il ressent l'appel.

Leurs habitations ressemblent à d'immenses termitières magnifiquement ouvragées et décorées, d'une hauteur qui pourrait égaler celle de cinq de nos cathédrales.

Ce sont des êtres constituant une société très organisée dans un équilibre et une sociabilité exemplaire.

Il n'y a aucune clôture, aucune propriété attribuée, tout est à tout le monde, et chacun respecte instinctivement l'espace de l'autre.

Elles se nourrissent d'une substance subtile que l'on pourrait assimiler au *prana*. Un rayonnement à disposition dans leur atmosphère, que chacune peut consommer sans craindre d'affaiblir la réserve naturelle.

C'est un système particulier d'un collectif de trois planètes superposées, chacune étant habitée par une lignée-mère.

C'est la planète centrale qui a pour fonction la gestion des passages.

Les autres sont en soutien et en protection de ce lieu très convoité par certains mondes, puisqu'il est le centre des Multivers, et possède les codes d'ouvertures et de déplacements de toutes les voies vers les autres lieux...

10

La Messagère des Passages

«Il y a toujours une issue»

Ne te laisse pas démoraliser par les situations fermées, les relations sclérosantes, ou les croyances qui te bloquent.

Tu portes en toi la Fréquence de notre monde, tu y es passée tant de fois.

Ton Âme connaît tous les chemins vers les «ailleurs» dont il ne te reste que l'empreinte.

Ne te laisse pas arrêter par les murs, les barrières, les clôtures, au sens très large de tous ces mots. Tu es de ces Âmes qui savent dépasser tous les obstacles. Tu l'as simplement oublié...

Ton monde actuel est très cloisonnant en toutes choses.

Tout est rangé dans des cases et étiqueté, et il n'est guère permis de déroger à cette classification.

Rappelle-toi que tu es « hors cadre », tu es de celles qui débordent, se répandent, s'expandent au-delà des limites imposées, n'oublie jamais cela.

Quoi que tu vives, tu es capable de trouver la solution au problème, la clé du mystère. Tu es capable de déverrouiller n'importe quelle situation.

Tu es le « passe-muraille » des difficultés, la magicienne des blocages que tu sais faire voler en éclats, et des barrières que tu sais abattre ou contourner.

Rien ne saurait te retenir, et il est temps que tu t'en souviennes pour ne plus te soumettre aux situations qui ne te conviennent pas ou qui sont contraires à tes valeurs.

Tu portes en toi le courage et la détermination à vivre dans ta pleine évidence. Il te reste à transformer les énergies sclérosantes en énergies d'ouverture. Chaque énergie est une puissance que tu peux renverser pour la mettre à ton service.

Souviens-toi de ce lieu où nous officions près de la Grande Porte.

Rappelle-toi que tu l'as traversée tant de fois pour rejoindre d'autres mondes, plans ou dimensions, lors de tes rêves ou de tes méditations...

Souviens-toi surtout de cette foi en tous les possibles que tu portes en toi, et que tu as émanée pour obtenir chacun de tes passages.

Car l'Âme qui n'a pas foi en la vie se voit dans l'impossibilité de franchir la porte. Seules les Âmes prêtes et confiantes peuvent traverser.

Alors parcours la vie la tête haute, le cœur puissant, et l'Âme en paix, car chaque obstacle ne sert qu'à te rediriger vers le bon chemin.

Tout n'est que passage : un pont, une porte, un état d'être, une période de vie, une rencontre…

Tu sais déplacer les montagnes, alors ne t'arrête pas à ce petit caillou dans ta chaussure…

11

Le Monde du Chaos

Élévation ▲ Transformation ▲ Mutation

VISITE GUIDÉE

Souviens-toi de ce monde de chaos, où tu t'es égarée le jour où il est devenu nécessaire pour toi d'en connaître l'existence...

Ici, tout est désolation.

Le paysage est celui d'un monde à l'agonie, ravagé, dévasté, détruit.

Des immondices s'amoncellent au travers de ruines méconnaissables, ponctuées çà et là de brasiers permanents...

Difficile de penser que cet endroit puisse être habité...

Et pourtant...

Tout est gris, terreux ou rougeoyant. Même le ciel est obscurci par les fumées, à travers lesquelles de trop rares rayons de lumière tentent de s'infiltrer.

L'air est suffocant de puanteur, et il règne ici une chaleur étouffante et poisseuse.

Le manque de fraîcheur et de couleurs est oppressant, et les chakras de tous les visiteurs potentiels se ferment instantanément afin de protéger leur vitalité.

Aucune nature, aucune verdure, aucun oiseau, aucun animal à part des vers géants qui jaillissent parfois du sol, comme avides de respirer cet air pestilentiel, et de sombres sentinelles cyclopes indéfinissables...

Un bas-fond de l'Univers qui a pourtant son utilité...

Ici sont reçues les « poubelles » des autres mondes.

C'est là qu'atterrissent les pensées les plus noires, les paroles les plus viles, les actes les plus sombres, les vilenies inavouées, les projets macabres, les énergies de guerres et de tortures...

Cet endroit permet aux autres mondes de se délester du trop-plein des Fréquences de crimes, de viols, de barbarie, de cruauté, de maltraitance, de perversion, de déviances de tous ordres...

Ce sinistre monde de chaos qui se nourrit de l'innommable, de l'effroyable, a été créé par et pour le pire du vivant. C'est une décharge énergétique de ce que les autres mondes ne peuvent plus porter sous peine de s'éteindre ou d'imploser.

Quand on observe les lieux un peu plus attentivement, on remarque des trous grossièrement creusés dans le sol, ce sont les terriers des habitants d'ici. Des êtres à l'image de leur environnement, à l'allure repoussante, mi-reptile, mi-insecte, mi-humain, ce sont les insecto-reptiliens. Une race souffrante et suppliante, qui s'étouffe en tentant de survivre dans de telles conditions. Une race difforme à la démarche difficile et douloureuse...

Contrairement à ce que leur aspect peut inspirer au visiteur, ce sont des êtres qui peinent et qui souffrent en tenant cette fonction d'éboueur des pires ignominies des mondes. Des êtres qui se sont retrouvés eux-mêmes bannis à cause de leurs agissements, et exilés ici pour purger leur peine et apprendre d'eux-mêmes.

Alors ils ont compris la portée de leurs actes, étant à leur tour nourris d'infamie, et n'aspirant qu'à muter pour s'élever vers un plan plus léger en expiant leur propre noirceur et tentant de se racheter auprès des Hauts-Conseils...

C'est ainsi qu'on les retrouve parfois, agrippés à un être vivant d'un plan un peu plus élevé, car ils cherchent par tous les moyens à s'extraire de leur monde douloureux, à grandir en cherchant un peu de clarté...

Ces êtres se nourrissent de peur, et n'ont d'autre but que de s'échapper de leur basse-fosse pour gagner le droit de s'élever et de vivre dans un lieu plus accueillant.

Certains d'entre eux réussissent maladroitement à envahir une aura ou à polluer un lieu dans notre monde ou un autre. Dans le pire des cas, ils répandent un peu de leur propre chaos en polluant ce à quoi ils s'agrippent, mais le plus souvent, ils sont vite expulsés, car la meilleure place tant convoitée ne se vole pas. Elle se gagne !

12

Le Messager du Chaos

«Assume tes ombres»

Nous savons que nous sommes repoussants et que nous n'appelons pas l'attention, ni la clémence des autres peuples.

Nous sommes de ces êtres qui engendrent la peur et le dégoût, et dont on préfère nier l'existence, ou que l'on se plaît à combattre.

Notre apparence ne nous sert pas face aux regards, et je comprends qu'il est difficile de concevoir que notre Âme n'est plus aussi noire que lorsque nous avons été jetés ici.

Nous avons appris...

Nous faisons amende honorable en acceptant notre vie de servitude, la corvée de traiter les productions horrifiques du vivant, afin qu'il se survive à lui-même.

Nous savons que nous ne générons aucune pitié, ni aucune indulgence, et nous en souffrons quoi qu'il en soit. La douleur de ce monde et de ce que nous sommes devenus est incommensurable pour ceux d'entre nous qui commencent à grandir. Nous aspirons à être entendus, écoutés, reconnus afin de trouver un chemin de délivrance à travers un début de compassion...

Certains d'entre nous commencent à voir des améliorations physiques émanant de la transformation de leurs esprits et de leur cœur, car, oui, nous avons bien un cœur, qui, même s'il ne servait autrefois qu'à nous maintenir en vie, commence aujourd'hui peu à peu à comprendre, à ressentir et à s'épancher...

Alors, toi, aujourd'hui, je te demande d'accueillir tes parts d'ombre, tes petites ténèbres personnelles, ta petite crasse bien cachée, car tout cela ne sera jamais pire que ce que nous sommes, ou avons été.

Je sais que parfois tu n'es pas fière de toi, de ce que tu as pensé, de ce que tu as dit, ou de ce que tu as fait, mais ce n'est que de l'humanité qui joue avec ses travers.

Tu ne peux pas rejeter la moitié de toi, tu ne peux pas te nier en te maltraitant pour être ce que les autres exigent de toi.

Tu es moitié ombre, moitié lumière, et c'est cela qui maintient ton parfait équilibre.

N'oublie jamais que cette part de toi qui se sentira niée, brimée, cassée, combattue, muselée n'aura d'autre but que de hurler pour se faire entendre, et de tenter de prendre toute la place pour te submerger.

Mais si cette part est simplement reconnue, accueillie et assumée, elle sera apaisée, et se contentera d'exister, ne se montrant que dans les situations extrêmes pour te protéger.

Ton propre grandissement ne peut passer que par l'acceptation totale de ce que tu es dans ton entièreté.

Pour muter, il faut d'abord reconnaître ce qui demande à l'être.

Pour s'élever, il est nécessaire d'intégrer là où tu en es maintenant, qui tu es, sans complaisance et dans la plus parfaite honnêteté.

Tu vois, aujourd'hui, c'est un être comme moi, qui te parle de toi.

Toi qui représentes ce que je rêve d'atteindre...

Toi qui existes dans le plan de conscience que je convoite dans un futur.

Tu cherches à évoluer et à grandir... Moi aussi...

Alors je t'invite à te réconcilier avec les parts de toi que tu refuses.

Car n'oublie pas que si tu les nies, c'est parce qu'on t'a appris à les rejeter, sous couvert d'un jugement moralisateur dont les fondations mêmes sont oubliées...

Ne rejette jamais ce qui ne te plaît pas en toi, ce qui te dégoûte ou ce qui te fait peur. Ton chaos t'apprend autant que ta lumière. Il situe les parts de toi qui manquent d'amour et qui hurlent pour être aimées, ou pour le moins reconnues et assumées...

Tu n'es pas une bonne ou une mauvaise personne.

Tu es l'alliance de l'humain avec ses limites, et du divin dans sa vastitude.

Il n'y a rien à jeter en toi, tu es parfaite telle que tu es, il te suffit de l'assumer pour en découvrir les trésors.

Car ils se cachent bien souvent ailleurs que là où ils sont recherchés...

13

Le Monde des Bâtisseurs

Incarnation ▲ Construction ▲ Structure

VISITE GUIDÉE

Souviens-toi de ce monde à l'effervescence fondatrice d'un chantier permanent. Un lieu peuplé de constructions aussi gigantesques que raffinées.

Je dis « peuplé » car ici, chaque structure créée est « vivante », en ce sens qu'elle émane une conscience propre, et une intelligence rayonnant sur son environnement.

Chaque construction participe elle-même à son élaboration en cohérence parfaite avec le peuple des bâtisseurs. C'est un partenariat à la fois subtil et profond, car rien ne peut être construit si cela va à l'encontre des valeurs vivantes du minéral.

Ici sont nées les « pierres qui marchent » contées dans certaines légendes arrivées jusqu'à l'humanité d'aujourd'hui.

Ici est apparue l'Âme des constructions cyclopéennes dont il reste quelques vestiges à certains endroits sur Terre, et ailleurs...

Ici sont développées de nombreuses techniques applicables dans les divers mondes où les bâtisseurs officient.

Parmi elles, l'antigravité permettant la lévitation de blocs titanesques, le sono-prano-magnétisme influençant la densité de la matière pour réaliser des ajustements et des lissages que nos technologies actuelles ne peuvent égaler, et bien d'autres procédés difficilement descriptibles pour la logique de notre mode de compréhension. Des techniques autrefois appliquées à la construction de certains édifices terriens, dont les restes demeurent inexplicables à ce jour, face aux certitudes rigoristes d'une science bornée...

L'intelligence du minéral est ici le fondement de la collaboration avec les bâtisseurs. Rien ne se fait sans « l'accord » du minéral, qui est reconnu à part entière dans sa présence et son essentialité.

L'entité minérale enseigne l'enracinement, la consolidation de la Présence affirmée, autant que la souplesse de la fusion dans l'environnement.

En visitant ce monde, tu croiseras des pierres qui se déplacent seules, flottant dans les airs avec lenteur et précision, guidées par des êtres alliant puissance d'esprit et « fluide directeur », rémanence d'une énergie perdue par l'humanité d'aujourd'hui...

Ici, inventeurs, créateurs et ingénieurs mettent leurs talents en commun pour réaliser des merveilles architecturales en parfaite harmonie avec les lieux et leurs habitants.

Chacun coopère avec l'Âme de la roche, et laisse libre cours à sa fantaisie artistique, et les lieux dédiés ressemblent à d'immenses chantiers où se mêlent les inspirations, dans un désordre organisé et esthétique.

14

Le Messager des Bâtisseurs

«Affirme ta Présence»

Aujourd'hui, je viens te parler de ta Présence à l'incarnation.

Ta Présence avec cette majuscule qui impose bien plus que le petit ancrage terrien auquel tu te réfères habituellement.

Si tu lis ce message, c'est probablement que tu t'effaces, qu'on ne te remarque pas, que les autres passent avant toi, que tu es transparente, que tu te sens ignorée, qu'on ne demande pas de tes nouvelles, et que sais-je encore...

L'Âme Stellaire que tu es ne peut plus se satisfaire des classiques de l'ancrage qui lui sont proposés. Tu as besoin d'un amarrage multidirectionnel, arrimé à l'intérieur de toi, là où tu étais reliée à ta mère pendant ta gestation.

Le nombril est ton centre de connexion à ton environnement.

C'est le point de ton corps porteur de ton étoile d'amarrage, une étoile à huit branches qui te relie à tous les plans et dimensions nécessaires à ton équilibre et à ta sécurité.

Trop souvent, le cordon de naissance est coupé trop tôt, sans conscience, et on peut considérer cela comme un arrachement.

C'est ce qui crée cette insécurité qui fait que tu as « besoin » de cet ancrage qu'on te « vend » à grand renfort de racines à visualiser et à planter en terre.

L'équilibre de ta Présence à l'incarnation ne dépend pas uniquement d'une connexion terre/ciel, c'est bien trop restrictif pour toi.

Il est temps que tu réveilles ton étoile intérieure pour réactiver ton amarrage multidirectionnel. Pour cela, pose doucement tes mains superposées sur ton nombril, puis visualise et active le mouvement de ton étoile afin de la faire rayonner dans toutes les sphères et jusqu'aux Multivers.

Tu seras ainsi reliée à tout ce que tu as été, à tout ce que tu es, et à tout ce que tu seras. Par le cordon ombilical, tu étais reliée à ta mère. Par ton étoile interne, tu te relies aux Multivers, et tu prends alors conscience de cette Éternité illimitée que tu représentes et qui ne t'a jamais quittée.

Cela te permet de pluraliser tes connexions, et de rester libre de tout attachement à cette terre d'adoption.

De cet amarrage dépendra la qualité du regard de l'autre qui te percevra différemment, qui enfin te regardera, t'écoutera, t'entendra, tiendra compte de qui tu es et de ce que tu penses.

La qualité de tes propres accomplissements en sera également bouleversée...

Cela te permettra de te connecter à l'intelligence d'un projet, à la conscience d'un lieu, au gardien de ta maison, à toutes ces créations auxquelles tu donnes vie...

Alors redresse-toi.

Sens la force de ta nouvelle posture, et laisse la vie te traverser.

Tu seras surprise de tout ce que tu peux accomplir en renforçant ta Présence sur Terre, ta Présence à la vie, ta Présence à l'autre, ta Présence à toi-même.

Tu t'imposeras davantage grâce au nouveau charisme qui naîtra en toi.

Tu seras enfin reconnue, acceptée, recherchée.

Cette nouvelle Présence te fera garder la hauteur de ta Hauteur, quel que soit le chemin emprunté...

15

Le Monde du Silence

Ton Bruit ▲ Tes Rêves ▲ Tes Pensées

VISITE GUIDÉE

Souviens-toi de ce monde où règne le silence dans sa plus belle amplitude.

Un silence vivant qui peut paradoxalement sembler « assourdissant » pour le visiteur.

Un monde à la surface désertique, avec ses vastes étendues de sable blond argenté, ponctuées çà et là de quelques ruines, derniers vestiges énigmatiques de temps immémoriaux, et de ces étranges volutes flottantes, sortes de biofiltres qui entretiennent la qualité du silence par une technologie immuable, mais oubliée...

Ici, une énergie de méditation ancestrale est omniprésente.

Elle a permis au fil des siècles de développer la maîtrise de la puissance de l'esprit sur la matière et les éléments.

Ainsi, des souterrains ont été creusés et aménagés à la seule force de la pensée, sans aucune intervention physique. Le sable a été façonné puis vitrifié pour offrir un refuge des plus confortables. Se déploient alors de vastes salles circulaires, reliées par de longs couloirs, afin de respecter l'intimité de chaque famille.

Ici vit le Peuple de l'oubli.

Par le passé, ce monde a subi un cataclysme duquel ses habitants se sont réveillés amnésiques et sidérés.

Ils ne sortent que quelques heures par jour, pour étudier les ruines du passé, afin d'en comprendre le sens pour en retrouver l'utilité. Pouvoir les remettre en état et ainsi bénéficier de leur technologie, et enfin revenir vivre en surface et reconstruire.

Ils pratiquent le «toucher fréquentiel». Ils apposent leurs mains et leur front sur les restes de leur civilisation, et écoutent parler la pierre.

Les vibrations échangées au cours de ces connexions ouvrent les chemins des rêves pour les mener peu à peu aux informations dont ils se montrent dignes.

Les hautes sphères, dirigées par leurs ancêtres disparus, se montrent très prudentes en délivrant leurs informations. Les rêves sont donc à la fois initiatiques et enseignants.

La patience est l'alliée du silence, et chacun est enseigné par des rêves qui, mis en commun, retissent peu à peu la trame de leur histoire oubliée.

Ils avancent en restant attentifs à leurs pensées et à leur projet de réhabilitation de surface pour faire renaître la vie et ouvrir un nouveau chemin pour le vivant.

Leur nourriture est assez particulière pour être soulignée.

Les seuls autres êtres ayant survécu au cataclysme, hormis quelques centaines d'humains, sont les « Oyas », sortes de « méduses » aériennes aux très longs et fins tentacules, qui sécrètent un nectar très nourrissant.

Il suffit aux habitants ayant besoin de se nourrir d'appeler un de ces êtres d'esprit à esprit, et d'aspirer cette substance en suçotant l'extrémité tentaculaire. Un échange de bons procédés puisque cet acte soulage aussi l'animal de sa production, et permet d'équilibrer son niveau de sève pour pouvoir reprendre un peu d'altitude...

16

La Messagère du Silence

«Calme ton Bruit
pour entendre tes Rêves»

Vis-tu dans ton bruit ou recherches-tu le silence ?

Dans ton monde, le bruit est désigné comme sécurisant, car il est associé à la vie. Mais le silence n'en est pas dénué, et il est le gardien de ton équilibre, si seulement tu sais l'écouter.

De la qualité de ton silence intérieur découle la qualité de ta vie, la santé de tout ton être, et le repos de ton Âme.

En te complaisant dans le bruit, tes pensées n'ont plus la place d'exister, elles sont asphyxiées, et génèrent des réflexes maladifs de survie.

Elles ont alors besoin de repasser en boucle pour que tu puisses les entendre, les saisir, et ce processus te remplit de futilités, t'encombre et te pollue.

Que dire de tes rêves ? Ils ne sont que le résultat de tout ce bruit qu'ils ont pour but de filtrer et de décanter. Il t'est impossible dans ce cas de recevoir ce que nous nommons ici les « rêves généreux ». Des rêves riches d'enseignements et de messages de sagesse, prêts à te guider sur ton chemin.

Sais-tu que ta lignée : tes « Toi » du passé, tes « Toi » parallèles, et tes « Toi » du futur se bousculent parfois dans la sphère de tes rêves pour te délivrer des informations importantes, vitales, ou initiatiques ?

Laisse-leur la place de s'exprimer, et laisse à tes pensées l'espace nécessaire pour respirer, exister, et se manifester.

Recrée la fluidité nécessaire à la circulation de tout ce qui habite en toi.

Tu te donnes ainsi la meilleure opportunité de matérialisation, et c'est là que tu feras « ce que tu es ». Ta vérité, ton évidence prendra forme et vie, juste parce que tes pensées auront eu accès à leur espace sacré, et que tes rêves ne se seront pas épuisés à purger tout ton bruit intérieur...

Alors calme ton bruit, ouvre ton silence.

Cherche de l'aide auprès de la nature dans ses endroits isolés, au cœur de la nuit quand le monde dort.

Nourris tous ces espaces de liberté de penser et de rêver, et ta vie t'en remerciera, car elle retrouvera enfin le moyen de te rejoindre et de t'offrir tout ce qu'elle te réserve de plus ajusté...

Le silence est un grand bavard et un grand enseignant...

Il est celui qui ouvre la voie à ton Âme pour que tu puisses entendre ta sagesse la plus noble, tes mots les plus doux, et ta voix la plus pure...

Celle dont se souvient l'Univers, et qu'il est bon de réapprendre à écouter...

17

Le Monde des Cocons-Matrices

Affranchissement ▲ Désobéissance
Liberté

VISITE GUIDÉE

Souviens-toi de ce monde où plus personne n'est libre d'être et de se démarquer. Où l'humain n'est ni responsable, ni décideur de sa vie...

Où la conformité et l'obéissance endorment les esprits et avilissent les corps...

À la suite d'une explosion thermo-sono-nucléaire déclenchée « par erreur » par la plus grande intelligence technonumérique créée par les habitants de ce monde, il n'existe plus rien en surface. Tout a été désintégré, rasé, réduit en poussière, il ne subsiste même aucune ruine pouvant témoigner de cette civilisation autrefois si prospère.

Les rares survivants se sont réfugiés dans des galeries aménagées dans les profondeurs pour la recherche scientifique, et se sont tournés vers leur puissance technologique pour tenter de survivre à cette incommensurable catastrophe.

Il y a alors eu « duperie » de l'Entité numérique d'intelligence artificielle.

Elle a fabriqué des cyberhumains médecins et chirurgiens nécessaires au sauvetage de cette humanité en danger et incapable de se suffire.

Lesquels ont implanté dans chaque être vivant et à leur insu un système de contrôle et de surveillance.

Les êtres une fois remis sur pied se sentirent tellement reconnaissants d'avoir survécu qu'ils laissèrent peu à peu toute latitude de décision et d'organisation sociétale à cette Entité cyberintelligente.

Il en résulte que les rôles se sont inversés, sans que personne ne puisse maîtriser quoi que ce soit, ni ne se rende réellement compte du basculement. L'humain est devenu le serviteur, et l'intelligence technonumérique, la dirigeante de ce monde.

Toute l'humanité est maintenant contrôlée, jusque dans le processus des naissances.

L'humanité, devenue stérile après la catastrophe, s'est vue offrir par la technologie la capacité de convoquer les Âmes disponibles, afin de les insérer dans des cocons-matrices, dont le développement est savamment supervisé pour en faire des êtres opérationnels dès leur naissance.

Il en résulte une gérance totale des « gestations » afin de ne produire que le nombre nécessaire d'humains, utiles au bon fonctionnement de cette société de pouvoir déshumanisé.

Les êtres naissent au terme de seulement quelques mois, avec un développement correspondant à environ treize de nos années.

Au cours de leur incubation, ils sont éduqués et préparés à leur futur poste.

Dès que la naissance a lieu, l'adolescent est lavé et habillé, puis il se dirige directement là où il est nécessaire, puisque l'entité « Supra » (c'est ainsi qu'elle s'est nommée) a implanté en eux jusqu'au plan du site souterrain où la société se déploie désormais...

Chaque être travaille au service de la communauté en s'oubliant lui-même.

Ses rêves et ses ambitions sont inexistants, car non implantés. Il ne sait qu'obéir à être utile, car telle est la seule façon de survivre ici, d'être nourri, logé, et protégé.

Les très rares cas de rebelles, qui ont développé un mode de pensée parallèle créant de nouveaux rêves à l'insu de la programmation, sont considérés comme dangereux pour la communauté. Si cette anomalie est détectée durant leur gestation en cocon, ils sont éliminés. Si cela a pu échapper à la supervision, ils sont bannis en surface et laissés à leur sort…

Pour la plupart, ils meurent rapidement de faim, de soif et de froid…

Ici, on obéit pour survivre, ou on décide de mourir libre.

Mais l'espoir raconte que certains survivent et commencent à s'organiser pour renverser les « Nümis », nom attribué à toutes les entités bionumériques…

18

Les Messagers des Cocons-Matrices

« Retrouve ton autonomie »

Regarde ce que nous sommes !

Regarde qui tu es, sans complaisance, dans une absolue honnêteté !

Et compare !

Bien sûr, tu te sens libre... C'est ce que tu crois.

La technologie qui t'entoure te facilite la vie ? C'est ce que tu crois.

Ceux qui t'entourent te donnent leur avis pour ton bien, c'est ce que tu crois.

La société cherche à te conformer à un modèle pour ton bien, c'est ce que tu crois.

Mais fais appel à ton discernement, et sans te mentir, regarde tes addictions en face, et ose identifier ce qui te possède à ton insu.

Observe tes réticences à agir, tes difficultés à décider ou à choisir.

Observe toutes les occasions de te destituer de tes responsabilités pour une facilité illusoire en mettant ta vie dans d'autres mains…

Peux-tu te passer de tes écrans durant un jour ? Deux jours ? Une semaine ?

Peux-tu résister à cette publicité qui te vante ce que tu crois devoir posséder ?

As-tu besoin de bruits autour de toi pour te rassurer, la musique, les infos ?

Depuis combien de temps ne t'es-tu pas retrouvée seule avec toi-même ?

Depuis combien de temps n'as-tu pas goûté les abysses du silence ?

Regarde et observe ! Qui décide pour toi ?

Un membre de ta famille ? Un proche ? La société ? Les réseaux ? Les médias ?

Ne te voile pas la face, ne recherche pas que la facilité, c'est ce que nous avons fait par peur, par survie, par conformisme, par ignorance…

Le chemin est plus facile à descendre qu'à monter, et ici cela prend tout son sens puisque nous vivons en sous-sol, et que remonter à la surface promet la mort à une trop grande majorité.

As-tu conscience de tout ce qui te possède, de tout ce à quoi tu obéis, même inconsciemment ?

La sonnerie de ton téléphone, le bip de tes notifications et de tes mails, le bip de ton électroménager qui t'indique que le cycle engagé est achevé…

Tous ces petits signaux qui t'interpellent en permanence et qui rythment ta vie sans que tu n'y portes plus attention, sans que tu en aies réellement conscience, ou pire, en étant persuadée que c'est pour te faciliter la vie…

Par quoi, ou par qui, es-tu domestiquée ?

Quelles sont tes addictions ?

La nourriture ? Le tabac ? L'alcool ? Une relation ? Une activité ? Une routine ?

Depuis combien de temps ne t'es-tu pas questionnée sur tes libertés ?

Qu'es-tu prête à faire pour les retrouver ?

Qu'es-tu prête à perdre pour TE retrouver ?

Il est temps que tu regagnes toute ton autonomie, que tu te libères des attachements malsains et sournois, que tu prennes la distance nécessaire à observer ta vie en toute lucidité.

Il est temps pour toi de t'affranchir de tous les esclavages qui te sont présentés et vendus, comme des pseudo-libertés.

Désobéis, autorise-toi à être libre.

Libre de penser par toi-même...

Libre de clamer tes vérités, même et surtout si elles sont contraires à celles des autres...

Libre de faire ce qui te ressemble...

Libre de dire « NON » ...

Libre de refuser ce qui va à l'encontre de tes valeurs...

Libre d'agir autrement que la majorité !

Il est peut-être temps pour toi de changer de vie, d'enfin te réinventer pour honorer cette vraie version de toi qu'on t'a fait oublier, nier à grands coups de reproches, de jugements, et de chantages parfois...

Les seules questions qu'il te reste à te poser aujourd'hui, en ton Âme et conscience, sont :

« Est-ce que j'aime ma vie telle qu'elle est ? »

« Est-ce que j'ai envie de changer de vie ? »

« Est-ce que j'ai besoin de changer de vie ? »

19

Le Monde des Ordonnateurs Archivistes

Ordre et organisation

VISITE GUIDÉE

Souviens-toi de ce monde où sont archivées toutes les mémoires des Multivers. Ici, tu retrouves l'histoire de chaque être vivant, quel qu'il soit : galaxie, étoile, planète, et chaque individu des règnes minéral, végétal, animal, humain et autre…

Ici, c'est la bibliothèque des Parcours d'Âmes. Tout ce qui est pensé, dit, fait est consigné ici…

Tout ce que tu penses, même quelques nanosecondes, tout ce que tu dis, même dans le secret de ta maison de toi à toi, tout ce que tu crées, tout ce que tu détruis, tout ce que tu assumes, acceptes, et tout ce que tu refuses, nies ou rejettes…

Tout est là, consigné dans des supports indestructibles qui traversent le temps !

Certains nomment ce qui se trouve ici les « Annales Akashiques », mais cette appellation est tellement restreinte comparé à ce qui est vraiment…

Ce qui est nommé ainsi ne sont que des points relais à travers les Multivers pour diffuser les informations afin qu'elles trouvent celles et ceux qu'elles doivent renseigner.

Souviens-toi de cette « bibliothèque » à ciel ouvert si immense qu'il est impossible au regard de l'embrasser dans son entier.

Regarde les supports qui ont traversé les âges, et prends conscience que tout ce que tu vois… n'existe pas…

Tout ce que tu vois est consultable parce que tu lui donnes vie en le regardant, mais dès que tu te détournes, tout disparaît.

C'est un monde holographique et fractal par excellence, où tout ce qui est, à la fois n'est pas, où tout ce qui existe devant toi n'existe pas dans le même instant…

Difficile à expliquer puisque le cerveau humain est ici tellement restreint pour saisir l'ampleur de tout cela…

Tu verras ce que tu t'attends à voir, tu consulteras ce que tu t'attends à pouvoir consulter…

Regarde devant toi... Que vois-tu ?

- D'immenses obélisques de pierre s'élevant vers le ciel, gravés d'une écriture inconnue que tu ne peux pas déchiffrer mais que ton Âme n'a pas oubliée...
- Des disques en alliage de métaux inconnus gravés de sillons réguliers contenant des connaissances oubliées, et dont l'instrument pour les lire doit être réinventé...
- Des cristaux de toutes formes et de toutes tailles, contenant des millénaires d'informations, et qu'il faut savoir faire « parler » pour qu'ils restituent leur mémoire archivée...
- Des parchemins végétaux roulés de plusieurs dizaines de mètres de longueur, couverts d'inscriptions ancestrales, que tu ne sais pas décoder...
- Des instruments sonores dont plus personne ne sait jouer, qui attendent de pouvoir délivrer leur savoir engrammé...
- Des livres gigantesques taillés dans le bois ou dans la pierre, dont chaque page nécessiterait la force d'un géant pour être tournée...
- Et puis des livres reliés, ou des pages empilées, que ton esprit connaît ou a déjà croisés...

- Plus loin, des tablettes semblables à du verre, où s'affichent des symboles lumineux dès qu'une conscience les observe...
- Plus loin encore, des images holographiques flottant devant toi et répondant à tes questions sur le futur...

Et au centre de tout cela, comme une unité de rassemblement, un autel de marbre pourpre, surmonté d'un tube transparent s'élevant vers le ciel jusqu'à s'y confondre...

Un tube empli de multiples visages de toutes sortes qui s'entremêlent dans un ballet harmonieux et permanent...

Un cylindre de lumière relié au vide quantique et présentant le flot de ses créations perpétuelles...

Voilà, tu as visité le lieu où toutes les mémoires sont organisées et ordonnées afin d'être protégées, et jamais, jamais oubliées...

Ressens sa Fréquence au fond de toi, elle te permettra d'ordonner tous les plans de ta vie et de situer chaque être, chaque chose et chaque situation dans ton environnement.

20

Le Messager des Ordonnateurs Archivistes

« Range ta Vie »

Organise ta vie et ton environnement.

Ne laisse pas le chaos s'installer, mais ne laisse pas non plus le vide se faire.

Tu dois trouver ta place quelque part entre le tout et le rien, entre le trop et le pas assez, entre le vide et le plein...

Ordonne tes pensées, tes projets, ton lieu de vie.

De l'ordre que tu y mettras aujourd'hui, dépendra la clarté qui en jaillira demain.

Clarifie tout, en toi et autour de toi.

Clarifie tes relations. Détermine qui tu es pour l'autre, et qui l'autre est pour toi. De ce constat découlera une plus grande vérité, et une meilleure distribution des rôles et place de chacun. Ainsi, l'espace et le temps seront utilisés au meilleur escient, et chacun aura l'opportunité de s'épanouir sans étouffer l'autre, de s'exprimer sans faire taire l'autre, de briller sans éteindre l'autre…

Évite de tout mélanger.

Ne confonds pas les mondes, les plans, les secteurs, les environnements.

Ne fusionne pas ce qui n'a pas à l'être.

Chaque chose a sa place, et chaque place a sa chose.

Chaque être a son espace, et chaque espace a son être.

Il ne s'agit pas de créer des cases fermées, mais des espaces dédiés et évolutifs. Il ne s'agit pas de cloisonner, mais de créer des ouvertures judicieuses et savamment disposées.

Sois attentive à la Fréquence de résonance.

Chaque espace vibre selon sa fonction, et se fait l'écho de son propre futur.

Ne te confie pas dans un milieu qui ne sait pas recevoir tes confidences.

Et ne reste pas en retrait d'un milieu qui n'attend que de t'accueillir pour te soutenir.

Sans poser de rigidité, retrouve une saine rigueur.

N'oublie pas que l'ordre ou le désordre qui règne autour de toi est le reflet de ton écho intérieur.

Observe comment tu te sens, où se situe la paix ou la guerre en toi, et observe ton environnement immédiat, les choses, les lieux, les gens, et fais le lien.

Si l'ordre est nécessaire, trop de rigidité t'isolera des autres et de toi-même.

Mais le chaos te débordera vite et sera l'illustration d'un intérieur défaillant ou souffrant.

Alors range ta vie, tout en lui laissant la place de circuler, de respirer, de créer.

L'état de ton environnement te montre l'état de ta propre vie, et ces deux « mondes » sont en interaction permanente, se nourrissant mutuellement.

Plus tu sauras te situer, plus tu sauras qui tu es, où tu es, et où tu peux aller.

Archive aussi tes souvenirs, tes événements passés, les bons comme les plus difficiles. Place-les hors de ton esprit, comme tu rangerais un livre déjà lu sur la plus haute étagère de ta bibliothèque.

Tu sais où il est au cas où tu aurais besoin de te référer à la leçon apprise, mais il n'encombre plus ton présent, en traînant dans ton salon...

21

Le Monde des Dragonnides

Protection de la Force de Vie Universelle

VISITE GUIDÉE

Souviens-toi de ce monde double, composé de deux espaces distincts, l'un établi au sol de la planète elle-même, l'autre aérien, représenté par des Îles Célestes. Des mondes complémentaires et indivisibles interreliés en permanence…

Sur la planète elle-même, un univers de montagnes, de grottes, de cavernes, de puissance et de fraternité, royaume des Dragons et de leurs Dragonniers, protecteurs de la Force Universelle de la vie.

En levant les yeux, tu verras le monde des eaux et des vents, des Îles flottant avec grâce, éclats de terre en suspension d'où s'écoulent des cascades sauvages et où tourbillonnent des arcs-en-ciel.

C'est le royaume des Dragonnes et de leurs Dragonnières, Génitrices de l'Étincelle-Mère de la conscience de vie.

Le symbole de la Fleur de vie, qui a été offert à tous les peuples de la Terre en des temps aussi anciens qu'oubliés, est né ici. C'est le seul symbole né au-delà du Monde des Glyphes. Il est la trame énergétique de ce monde aux territoires éclectiques.

Ici est le berceau de la vie en tant que Conscience intelligente, la Flamme de la vie qui brille en chaque être, quel qu'il soit.

Le Peuple souverain des « Dragonnides » inclut toutes les races de Dragons, ailés ou non, gardiens des divers éléments, et vivant dans des environnements variés. Le Peuple des « Humanes » représente les Dragonniers et Dragonnières, Frères et Sœurs de cœur des Dragonnides.

À l'aube de la création des mondes, alors que la vie devenait fragile et dispersée, maltraitée par ceux-là mêmes à qui elle s'était donnée, Humanes et Dragonnides se sont voués à créer ce lieu vibrant de renouvellement et de préservation, pour prendre soin de cette conscience sans laquelle rien ne peut être, afin qu'elle puisse rayonner toujours plus fort et toujours plus loin.

Ce sont les gardiens et gardiennes de la vie qui nous habite toutes et tous.

Chaque Humane de ce monde est lié pour l'éternité à un Dragon.

Le choix se fait par la conscience de vie elle-même, qui accorde la Fréquence des deux cœurs qui sont voués à jouer la même musique.

Ainsi, l'Harmonie ici est d'une rare intensité. Elle est palpable, elle se respire, se touche, se ressent, comme une brume omniprésente circulant librement.

Les mondes, aérien et terrestre, se rencontrent lors de cérémonies particulières favorisant les unions et préparant les naissances des deux clans.

Un grand amour est partagé par ces deux mondes indivisibles, et le respect de la place de chacun et chacune est tel que jamais les cœurs n'ont à souffrir...

Ici, la solidarité entre espèces est indéfectible, et est un gage de protection de l'Entité Vie pour tous les Multivers...

22

Les Messagers des Dragonnides

« Vis plus fort »

Si tu te sens éteinte sur certains plans de ton existence, c'est que tu as perdu confiance en la vie, et il est grand temps de restaurer cette conviction.

Perdre confiance en la vie, c'est perdre confiance en tout.

C'est perdre confiance dans le sens même de la vie qui est de te rencontrer dans toutes les facettes de ton être. Découvrir de quoi tu es capable dans n'importe quelles circonstances, et t'aimer profondément, quel que soit ce que tu exprimes...

Pourquoi doutes-tu de la vie ?

Pourquoi penses-tu qu'elle fait des erreurs dans la distribution de ses créations ?

Certainement parce que tes « vouloirs » et tes attentes n'ont pas été honorés.

Certainement parce que tu expérimentes ce que tu considères comme de l'injustice, du rejet, de l'abandon, et bien d'autres croyances encore...

Oui, tout cela n'est que croyances, et ces superstitions ne sont créées que par toi dans ta vision de ta réalité. Par le « toi » que tu as tissé au fil de ton existence, et qui s'est engrammé inconsciemment.

Ce « toi » qui calcule la vie en fonction de ce qu'elle lui offre, qui veut rentabiliser la vie, qui veut être récompensé d'avoir traversé ses déserts affectifs et les abîmes de son être.

Ce « toi » qui n'accepte pas de vivre des épreuves pour rien, et qui veut la reconnaissance qui s'impose...

La vie n'est là que pour te livrer ce que tu veux.

Elle est là pour te confirmer ce que tu crois...

Crois que tu es la meilleure, et la vie te le prouvera.

Crois que tu es la pire, et la vie te le prouvera.

Crois que tu es entourée d'amour, et la vie te le prouvera.

Crois que personne ne t'aime, et la vie te le prouvera.

Crois en ta réussite, et la vie te le prouvera.

Crois que tu vas échouer, et la vie te le prouvera.

La vie ne te contredira JAMAIS, elle est en collaboration directe avec ton Âme et les desseins qu'elle s'est choisis en s'incarnant ici, ceux que tu as oubliés en naissant, pour que le jeu soit plus passionnant...

Son vrai rôle est de devenir ton miroir parfait, refléter qui tu es à chaque seconde, au travers d'une rencontre, d'un événement, d'une situation afin que tu contactes en profondeur les parts de toi que tu refuses de regarder, que tu ne souhaites pas développer ou sculpter, les parts de toi que tu nies et que tu tardes à reconnaître...

La vie n'agit jamais contre toi, elle ne te détruit pas, ne te punit pas, ne t'accable pas. Tu es bien trop experte en ces domaines pour le faire toi-même !

Mais elle n'est pas là non plus pour te féliciter, te récompenser, te porter aux nues, car cela aussi, c'est ton rôle envers toi-même...

Regarde la vie qui t'entoure.

Regarde vivre la vie...

Et regarde-toi vivre...

Est-ce que tu vis pleinement ?

Est-ce que tu dis oui à tout ce qui se présente à toi ?

Ou bien as-tu tellement peur de souffrir que tu t'es fermée pour ne plus rien ressentir ?

Refuser de souffrir, c'est aussi refuser le plaisir, et donc refuser la vie.

C'est rentrer dans sa grotte et en murer l'entrée...

C'est s'enfermer dans un placard et en jeter la clé...

Ce temps de retrait est terminé pour toi.

C'est le moment de sortir de ta grotte, de ton placard, et d'aller, confiante, à la rencontre de la vie pour enfin décider de jouer avec elle.

Quoi qu'elle te propose, dis-toi que c'est en plein accord avec ton Âme.

Alors vis ! ... Vis plus fort !

23

Le Monde des Architectes du Vivant

La puissance de la pensée

VISITE GUIDÉE

Souviens-toi de ce monde littéralement féerique, où chaque espèce est solidaire de toutes les autres. Un lieu où règne une paix unitaire qui impacte directement la croissance du vivant.

La première connexion est en sous-sol. Ce monde est l'équivalent d'un cerveau géant. Chaque racine s'étend pour se connecter avec toutes les autres, un véritable réseau de synapses à l'intelligence créative incroyable, et d'une grande sagesse, où circulent en permanence toutes les informations nécessaires en reliance directe avec le vivant.

C'est aussi un monde de mouvement où même les règnes végétal et minéral s'expriment facilement. Ainsi, on observe des arbres et des plantes bouger et créer

C'est aussi un monde de mouvement où même les règnes végétal et minéral s'expriment facilement. Ainsi, on observe des arbres et des plantes bouger et créer des extensions ou des rétractions au gré des besoins de l'environnement.

Les minéraux, quant à eux, en sont à la phase de mouvement interne.

Ils offrent alors des arcs-en-ciel pour diffracter et redistribuer la lumière, des moirures ou des opacités dévoilant ainsi des paysages merveilleux.

Ils portent en eux un monde à part entière, où l'on peut distinguer tout un écosystème plein de vie...

Tout ici existe en priorité à travers les arbres et les plantes.

Les êtres de ce monde, qu'ils soient humains, animaux, végétaux ou minéraux, sont en interaction constante pour créer le plus bel environnement qui soit, agréable et fonctionnel, pour que chacun y trouve sa place, son confort, et sa beauté. Une sorte de mini-jungle savamment organisée.

L'interaction va même jusqu'à créer des individus hybrides, où l'humain et l'animal fondent leurs physiques et leurs qualités réciproques, créant ainsi une « race » aux facultés optimisées. De même pour certaines créatures mi-humaines, mi-végétales ou mi-animales, mi-végétales...

C'est un monde de solidarité multiple où aucun n'est laissé de côté, tout ici est interrelié, et ça se voit, ça se ressent, ça se respire.

Chaque règne est relié télépathiquement au collectif, et est capable d'anticiper les besoins de ce qui l'entoure. Les végétaux sont doués d'un mouvement à création immédiate. Non pas qu'ils se déplacent, quoi que... mais ils peuvent agencer en un instant une structure nécessaire à un humain ou à un animal, telle qu'un abri, un promontoire ou une assise, car le besoin est capté avant même d'être émis.

Chaque règne agit pour le bien commun dans une hypersolidarité instinctive, au service permanent de ce qui l'entoure.

La vie ici est en perpétuelle effervescence.

Les arbres écartent leurs branches pour laisser le passage à la circulation du vivant, ou se joignent pour créer des voûtes incroyables dignes de nos plus belles cathédrales.

Les lianes se lancent et s'enchevêtrent pour créer des ponts.

Les plantes grimpantes s'enroulent pour compléter ou occulter un espace.

Les fleurs fascinent les regards de leur beauté en créant des ballets spectaculaires où leurs pétales changent de couleur au gré de la pensée émise à leur encontre, elles dansent et s'ébrouent pour diffuser parfum et pollen à leur environnement…

La communication est permanente et est un reflet miroir.

L'environnement prend la couleur des pensées du promeneur ou de l'état des végétaux voisins. Ainsi, les interventions de restauration d'énergie sont instantanées pour accompagner une végétation de plus en plus luxuriante.

Les humains et les animaux se nourrissent exclusivement de fruits et de sucs végétaux, fournis généreusement par cette nature idyllique.

Lorsque la vie d'un être vivant s'achève, il tombe simplement en poussière en nourrissant ceux qui lui survivent. Le processus ne dure que quelques heures.

La mort n'est pas un drame en ce monde, elle est la suite logique de la vie, et l'être en transformation est simplement remercié et honoré pour tout ce qu'il a partagé et accompli par des murmures chantés afin d'accompagner sa transition…

24

Les Messagères des Architectes du Vivant

« Ta Vie est ton Miroir »

Crois-tu sérieusement que tu as été abandonnée en ce monde sans aucun pouvoir, sans aucune capacité de création ?

Ta pensée est ta première puissance après la vie !

Il te faut seulement en comprendre le fonctionnement et apprendre à t'en servir. Tes pensées sont la première nourriture de ton corps, et il leur obéit aveuglément. Elles créent son état, sa santé, et ses mutations successives.

Mais tes pensées créent aussi ton environnement tout entier.

Elles ont un pouvoir de façonnage extraordinaire, et influent sur absolument tous les espaces de ta vie : tes rencontres, tes épreuves, tes acquis, tes manques, et tout ce que tu qualifies de succès et d'échec, d'agréable ou de désagréable, de beau ou de laid, de meilleur ou de pire...

La palette est infinie...

Là où ta vigilance est importante, c'est envers tes pensées inconscientes.

Tes pensées cachées, inavouées (parfois inavouables)...

Car si tes pensées conscientes sont déjà difficiles à discipliner, que dire de celles dont bien souvent tu ignores l'existence ?

Ce sont elles qui créent la trame de fond de tout ton Univers personnel, les chemins de ton avenir, la qualité de santé de ton esprit et de ton corps.

La réverbération de leur énergie sur ton environnement est immense.

À toi d'être attentive !

Si tu ne sais pas rencontrer et reconnaître tes pensées inconscientes, regarde ce que devient ta vie, elle en est le parfait reflet.

Mais de quelles pensées je te parle ?

Principalement des pensées que tu nourris envers toi-même : ce que tu es, ce que tu penses être, ce que tu voudrais être... ou pas...

Ensuite, des pensées que tu alimentes envers les autres qui sont « d'autres toi » que la vie t'a créés en miroir permanent : estime, admiration, jalousie, envie, dégoût, regrets, colère…

Puis les pensées que tu projettes sur ton avenir : ce que tu voudrais, ce que tu prévois, ce qui doit se passer selon toi, ce que tu refuses de vivre, etc.

Alors regarde !

Toutes ces pensées, quel que soit l'endroit où elles sont dirigées, ne parlent que de TOI, parce que tu es le centre de TON monde.

Adoucis tes pensées envers toi-même, tu auras moins envie d'en émettre envers les autres, car moins besoin de te comparer, et tu laisseras la vie te dévoiler ton avenir sans chercher à le contrôler parce que tu n'auras plus peur.

Souviens-toi des capacités de notre monde que tu portes en toi.

Rappelle-toi qu'ici la matérialisation est immédiate. Nous recevons le résultat de nos pensées dans les secondes qui suivent son émission, et parfois même juste avant…

Alors, même si dans ton monde cela demande plus de temps (et c'est heureux, car tu génères environ 60 000 pensées par jour), je te propose un petit jeu.

Tout au long d'une journée, ou même pendant quelques heures, note chacune de tes pensées et regarde ce que tu aurais créé ici où la matérialisation est instantanée...

À quoi as-tu échappé ?

Nourris autant que possible les pensées qui te parlent de tes rêves les plus grands, ou des petits bonheurs quotidiens, des petits pas qui te mènent à tes plus grandes réalisations...

Tu crées ton monde et tu tisses ta vie au fil de tes pensées.

Choisis et tu reçois, il n'y a jamais d'erreur de distribution.

Pense et tu crées, ça prend juste le temps nécessaire dans ton monde actuel.

Alors veille surtout à ne pas changer de pensée au cours du processus, car la livraison sera différente de la commande.

25

Le Monde des Veilleurs du Temps

Vies Parallèles ▲ Croisements des Destins

VISITE GUIDÉE

Souviens-toi de cet espace interdimensionnel qui vibre et qui s'étend entre les mondes, les plans et les dimensions...

Un espace qui enveloppe et qui relie tous les objets célestes.

Un lieu que l'on pourrait désigner comme les fascias des Multivers.

Ce n'est pas un lieu défini tel qu'une planète, c'est un interespace qui circule partout jusqu'aux confins de l'insondable.

Voilà un lieu que tu visites souvent dans tes rêves ou au cours de tes méditations particulièrement profondes, sans pour autant en garder le souvenir, car il est très protégé par les Veilleurs du Temps qui en sont les gardiens attentifs.

Ici s'étendent et s'entremêlent les champs morphiques de chaque être vivant, gorgés d'énergies et d'informations...

Tu vois ici des « routes célestes » s'étirant à l'infini, et portant en elles les trames des vies de la création tout entière. D'innombrables « rubans » de multiples couleurs sur lesquels circulent les Veilleurs, des êtres énigmatiques presque indéfinissables pour la compréhension humaine...

Toutes ces voies en perpétuel mouvement, tels des rubans flottant dans la brise, sont les matérialisations des destins en cours d'accomplissement, avec les virages, carrefours et intersections nécessaires aux réajustements permanents...

Si tu pouvais suivre les répercussions des pensées d'un humain sur sa propre voie ici, tu verrais alors son « ruban de destin » pris de frénésie, dansant gracieusement ou se tortillant tel un serpent furieux, filant vers l'infini ou se heurtant à d'autres « rubans » auprès desquels il peut choisir de s'accoler pour les accompagner un temps, de s'emmêler jusqu'à s'enchevêtrer dangereusement jusqu'au déchirement, et parfois la danse est tellement harmonieuse qu'elle produit de nouveaux rubans...

Quand des voies décident de coopérer, on observe alors une superposition ajustée aux mouvements rythmiques et gracieux, d'où jaillissent des petites voies nouvelles, comme jetées aux vents du destin, qui partent se créer et grandir, s'ajoutant à toute cette pluralité.

Les gardiens veillent à ce que rien n'entrave ce mouvement éternel.

Ils sont particulièrement attentifs si des nœuds se produisent afin d'éviter toutes ruptures prématurées.

Ils soutiennent également les fins de destins quand ils observent la résistance d'un ruban qui peine à se déliter.

Ils savent l'utilité de tout ce ballet ondoyant, et veillent à nourrir et maintenir la résonance des destins, l'entrecroisement des vies, la répercussion des ondulations et le flottement des méandres...

Toutes les voies sont reliées, comme les fils d'une toile d'araignée.

Chaque frémissement d'un ruban fait tressaillir tous les autres, comme chacun de tes choix retentit dans l'Univers tout entier...

26

Le Messager des Veilleurs du Temps

« Invente ton Destin »

Comment peux-tu te sentir seule dans ta vie, alors que ton Âme est fractalisée en multifacettes, dont chacune est en expérimentation simultanée à ta vie présente, en maintenant avec toi une solidarité permanente et attentive ?

Tu es éternellement reliée à tous ces autres « Toi » qui vivent leur propre expérience en d'autres lieux et d'autres temps.

Le réseau de tes vies parallèles est d'une incommensurable richesse au plan des Multivers. Chacune de ces vies œuvre à l'équilibre de toutes les autres.

Ce qui manque à l'une est assuré par une autre. Chacune de tes versions se doit d'assumer sa part afin de ne pas perturber l'équilibre de la trame des destinées.

Il est intéressant pour toi aujourd'hui de prendre conscience que tes vies parallèles soutiennent ta vie actuelle, et que cette dernière alimente chacune de tes autres vies. Il est bon de savoir que tout ce que tu vis ici aide, soutient, rassure, épargne, défend, délivre ou répare un autre toi quelque part dans les univers... Et qu'en retour, tu peux compter sur les mêmes soutiens de la part de tes autres versions.

Petite anecdote pour t'aider à comprendre l'étendue de cette solidarité interdimensionnelle...

Lorsque tu traverses ta maison, d'une pièce à l'autre, pour aller chercher quelque chose, et qu'arrivée à destination, tu ne te souviens plus de ce que tu étais venue chercher, ou pire, tu as même oublié le trajet pourtant très court...

Tu vis à ce moment-là ce que l'on nomme une Faille temporelle, durant laquelle ta conscience-énergie s'est échappée, en laissant ton corps continuer ses mouvements, pour aller porter assistance à un autre toi en difficulté, quelque part dans l'espace-temps...

Pendant ces quelques secondes « oubliées » de ta vie présente, tu as peut-être aidé le toi d'un autre monde pendant plusieurs jours ou semaines, car le temps ne s'exprime pas de la même façon partout, afin de lui permettre de mener à bien un moment de vie difficile.

Quand tu « reviens à toi », il t'est souvent nécessaire de retourner à ton point de départ pour te souvenir de ce dont tu avais besoin.

Vice versa…

Quand tu vis une expérience difficile, que tu ne sais plus comment agir ou que tu te sens prête à abandonner, que tu as peur, que tu te sens démunie et impuissante, souviens-toi de ces moments où un regain d'énergie venu de nulle part te permet de continuer, de faire ce pas de plus qui te donne l'impulsion nécessaire à t'extraire du problème…

C'est la visite d'un autre toi, qui vient à son tour te soutenir.

Toute cette solidarité est instinctive, et permet à chacune de tes versions de poursuivre l'expérience dans les meilleures conditions.

Chacune de tes versions de vie s'est préparé une trame de rencontres, dont chaque croisement doit être nourri tant par les expériences que par leurs répercussions au sein des univers.

Les destins qui se croisent avaient pris rendez-vous, mais l'issue appartient à chacun, car l'infini des possibles est à disposition perpétuelle.

Prends conscience de cette interaction constante, en création continue, en ajustement éternel. Tout se tisse au fil des pensées, paroles ou silences, actions ou renoncements.

Alors si tu vois ton destin comme une sentence irrévocable à laquelle tu dois te soumettre sans pouvoir y échapper, je t'invite à te rendre maîtresse de ton devenir, car toi seule peux tisser la trame de ce qui sera en accord parfait avec toutes les autres facettes de ton Âme qui s'expérimentent où qu'elles soient...

Accorde ton destin, comme on accorde un violon, et joue ta plus belle mélodie.

27

Le Monde des Cristaux-Maîtres

La pluriconnaissance et son évolution

VISITE GUIDÉE

Souviens-toi de ce monde où les Fréquences se ressentent aussi distinctement que les vagues de l'océan.

Un monde d'ondes en circulation permanente, qui te traversent et qui font vibrer chacune de tes cellules. Ressens ce flux au plus profond de toi.

Ce flot perpétuel qui entre en toi et qui te nourrit de ses vibrations vivantes.

Sais-tu que chacune de tes cellules possède un microcristal en son centre, qui réagit directement avec ce monde ?

Chaque microcristal cellulaire communique avec ceux des cellules environnantes, ce qui contribue à retisser continuellement ta « trame intérieure » afin de l'actualiser à cet être en perpétuelle évolution que tu es, de nanoseconde en nanoseconde…

Ici, tout part de la montagne de cristal. Un haut lieu sacré habité d'une conscience d'une rare puissance, qui régit l'ensemble des connaissances et leur évolution au sein des Multivers.

Des obélisques de cristaux archivistes relaient les informations et contribuent à les diffuser. Ici est le Temple de l'Âme Cristal où naissent les Âmes qui rejoindront les cristaux existant dans tous les mondes, plans et dimensions.

À l'aube des temps, ce monde a porté la création des premiers Crânes de Cristal qui furent confiés à travers les Multivers, à des êtres dignes de les protéger jusqu'au jour de la Grande Révélation…

Ils font aujourd'hui l'objet d'une légende controversée mais réelle.

Les êtres d'apparence humaine qui vivent en ce monde sont au service de l'Âme cristal. Ils gèrent les vastes flux de la Connaissance en permettant leur rayonnement, et leur ajustement au mode de compréhension des mondes et peuples qui les reçoivent.

La Connaissance est une conscience tout aussi vivante que les Cristaux Maîtres. Ce sont deux règnes parfaitement complémentaires qui font équipe depuis la nuit des temps.

La Connaissance déploie de Grandes Âmes initiatrices et éclairées afin qu'elles s'incarnent dans cette noble matière originelle qu'est le cristal de roche, capable d'engrammer l'information, et de la restituer à qui sait la lire.

Ainsi, les Âmes habitant ces cristaux d'une pureté inégalée sont capables de créer à l'intérieur de leur « corps minéral » un monde à part entière.

C'est dans cette matière lumineuse qu'elles choisissent comme temple qu'elles façonnent l'Univers nécessaire à leur accomplissement.

Elles organisent, sculptent, déplacent, et aménagent leur environnement intérieur afin qu'il leur soit aussi bien fonctionnel qu'agréable et nourrissant.

C'est ainsi que parfois, tu peux saisir, lors d'une observation intense, certains paysages à l'intérieur d'un cristal. Paysages qui ne se révèlent que lorsque tu t'en montres digne, et qui peuvent disparaître tout aussi facilement qu'ils se sont matérialisés...

Ce monde est le gardien et le développeur de la Connaissance.

Chaque minéral existant dans les Multivers y est relié, ainsi que le cœur de chaque planète et de chaque étoile.

Il contribue, à travers la Connaissance qu'il nourrit, à tisser et à alimenter la trame de l'évolution de conscience de tous les règnes du vivant.

28

La Messagère des Cristaux-Maîtres

«Ose assumer tout ce que tu es»

Je te parle aujourd'hui pour te rappeler que tu fais partie de ce que nous nommons ici «la Race des Hypers», parmi lesquels sont répertoriés les Hypersensibles, les Hyperempathiques, les Hyperpotentiels, les Hyperactifs, les Surefficients, HPI, HPE, et autres zèbres...

En résumé, tous les multipotentiels atypiques qui ressentent leur environnement à puissance décuplée, et qui peinent à trouver une place qui honore leur singularité.

Il résulte souvent une certaine souffrance de cette différence mal acceptée et mal comprise, tant par l'être lui-même que par son entourage. La solitude, l'incompréhension ou la méfiance font souvent que tu préfères oublier ta véritable nature plutôt que de la révéler au grand jour, pour l'exprimer et l'exploiter.

Tu possèdes les qualités des détenteurs de ces connaissances qui savent ouvrir d'autres perspectives et d'autres horizons, et il faut un temps d'adaptation pour en assumer les résonances. C'est une connaissance particulière qui se révèle sous des aspects bien souvent inattendus, mais nécessaires à l'évolution des consciences.

Même si tu es trop souvent mal jugée, interprétée par l'ignorance, écartée, car trop atypique, ton rôle est pourtant certain.

Si tu portes en toi cette profonde singularité, ce n'est pas pour l'étouffer au profit d'une conformité qui ne te ressemble pas. C'est pour apporter ta puissante contribution à ce monde que tu as choisi d'enrichir.

Alors ose !

Ose être pleinement toi, même si les regards s'arrondissent et si les langues s'affûtent, ce n'est pas de ton ressort.

Tu n'es pas ici pour convaincre, mais pour distribuer.

Tu n'es pas ici pour convertir, mais pour informer.

Tu n'es pas ici pour remplacer, mais pour compléter.

Chaque être y verra ce qu'il est prêt à intégrer.

Ton seul rôle est de diffuser ce que tu sais, ce que tu comprends, ce que tu transformes, ce que tu construis, et pour cela, il te faut le courage d'oser te révéler, même si tu peux te sentir incomprise, isolée, et même rejetée...

N'oublie jamais que, dans ton monde actuel, chaque « inédit » franchit 3 étapes.

D'abord, il est bafoué, humilié, rejeté...

Puis il subit une forte opposition, étant considéré comme absurde, ou dangereux...

Pour finalement être accepté comme une évidence...

Assume que ta vision passe par ces 3 étapes, c'est son chemin pour être reconnue, appréciée, et déployée.

Le changement demande du temps. Le temps de laisser mourir l'ancien pour renaître à autre chose. Mais ton monde s'évertue tellement à soigner l'ancien pour qu'il ne meure pas que le renouvellement est vu comme le « tueur » du passé.

Continue à apprendre, continue à te souvenir de ce que tu sais déjà, continue à t'enrichir, c'est ainsi que tu montreras l'exemple à suivre. Car, bien souvent, ce n'est pas ce qui est dit qui est entendu, mais ce qui est fait qui est copié.

Le mimétisme est un instinct de la nature, et nul ne peut s'y soustraire.

Crois en toi !

Aie foi en ta puissance !

Ne renie jamais ta véritable nature d'Hyper...

Elle est la clé de ta Présence en ton monde.

Laisse à un cristal l'opportunité de te choisir, et fais-en ton compagnon de chaque instant. Ainsi, tu auras au plus près de toi l'un des nôtres, et notre monde fera partie du tien, en présence, en soutien, en puissance...

29

Le Monde des Généticiens Guérisseurs

Soins et Guérisons

VISITE GUIDÉE

Souviens-toi de ce monde à la fois très ancien et incroyablement futuriste.

Il est le centre où sont rêvés, imaginés, inventés les réceptacles d'incarnation, et où sont conservées toutes les souches biologiques et organiques existantes.

Pour qu'une chose existe, il faut qu'elle ait été rêvée.

C'est parce que les corps sont rêvés ici qu'ils peuvent exister dans tous les autres mondes.

Tout se passe dans la sphère du subtil. Les créatures sont réalisées instantanément à travers l'imaginaire et l'intention.

Des morphologies de toutes sortes rendues possibles en cet endroit et optimisées afin de devenir de potentielles machines biologiques autonomes pouvant être reproduites par la nature, et habitables par les Âmes en recherche d'un véhicule approprié à l'expérience choisie.

Et c'est ici que toutes les races souches sont façonnées dans une optique de régénération, d'autoguérison et d'adaptabilité évolutive afin que la vie puisse s'en emparer pour croître et se multiplier dans toutes ses configurations.

Ce lieu est également le gardien de la plus grande « banque » d'ADN de tous les Multivers. Des souches sans cesse affinées, complétées, améliorées pour être compatibles avec les mondes en évolution auxquels elles seront destinées.

Les Généticiens sont en quelque sorte des artistes créateurs et œuvrent de manière illimitée, avec tout ce qui est à leur disposition, pour inventer de nouvelles enveloppes, de nouveaux individus, de nouvelles morphologies, de nouvelles races, toutes plus merveilleuses les unes que les autres…

Les êtres qui œuvrent ici sont de véritables fabricants d'espèces, qu'ils confient ensuite à des Peuples ensemenceurs, pour qu'elles soient implantées dans les milieux requis.

Ils sont les géniteurs des lignages passés, présents et futurs.

Leur connaissance accomplie des écosystèmes leur permet un parfait accord des fonctionnalités de leurs créations.

Ce sont aussi et surtout des guérisseurs capables d'apporter à toutes créatures les ressources nécessaires à l'Harmonie de leur développement, leur longévité, et leur régénération...

Ils œuvrent sans relâche à l'alimentation permanente des Multivers en espèces vivantes.

Ici, c'est la qualité et la capacité de survie qui sont à l'honneur.

Les souches et les morphologies créées sont les garantes de la production et de l'évolution de toutes les espèces existantes dans tous les Multivers...

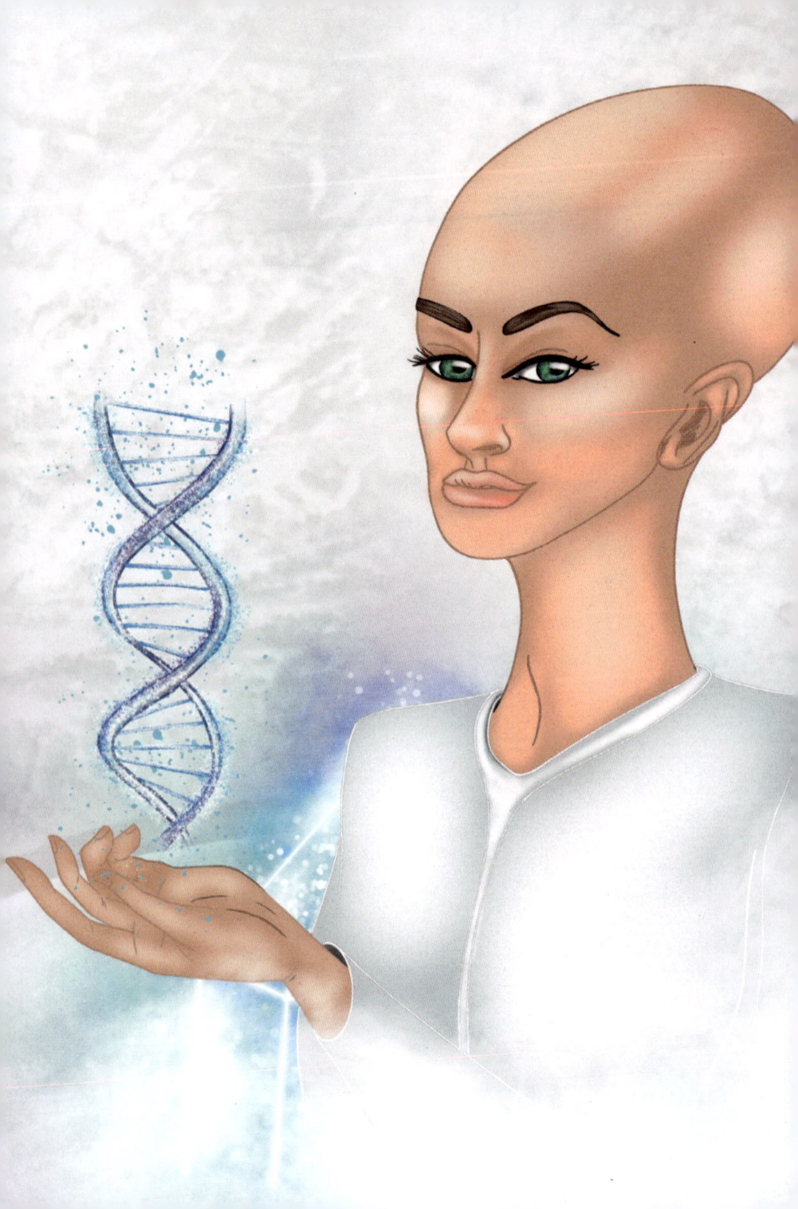

30

La Messagère des Généticiens Guérisseurs

« Prends soin de ton Vaisseau Mère »

Nous connaissons le fonctionnement de ton corps bien mieux que tu ne le connaîtras jamais, puisque c'est nous qui l'avons rêvé.

Nous l'avons sculpté, ciselé au plus juste selon tes besoins.

Et c'est l'une de nos œuvres d'art, n'oublie jamais ces mots.

C'est un vaisseau de chair, un « Vaisseau Mère », une machine de la plus haute technologie psycho-bio-organique qui possède sa propre intelligence pour s'autogérer et s'adapter à son environnement quel qu'il soit.

Ce n'est pas seulement une coquille vide, habitée par une Âme, c'est une merveille unique, capable de ressentir, de penser, d'aimer, de vivre tout et son contraire. Elle est multidimensionnelle, et chacun de ses plans est influencé par tous les autres. Alors prends soin de ta propre dimension afin que les autres n'aient pas à en souffrir.

Considère cette morphologie comme la plus parfaite des partenaires, car ce corps dont bien souvent tu te plains a été conçu pour devenir ton plus fidèle serviteur.

Nous te demandons de le respecter, de l'honorer, d'être à l'écoute de ses besoins, et de le protéger comme il te protège afin de créer une équipe gagnante tout au long de ta vie.

Alors prends-tu réellement soin de toi ?

Quel est ton état actuel ? Physique ? Émotionnel ? Mental ?

Il est temps de te faire passer en priorité, de prendre soin de ton corps à travers tout ce qui l'alimente, avant que ton être ne te rappelle à l'ordre...

Le corps humain est à l'origine créé pour une longévité de plusieurs centaines d'années. Le monde moderne dans lequel tu vis a brisé cette espérance de vie, mais ce corps t'a été confié et tu en as la responsabilité.

Sois très attentive à toutes tes nourritures.

Tu es la résonance de tout ce que tu absorbes...

En dehors de ton alimentation, il y a aussi tout ce qui te nourrit de diverses façons : les livres que tu lis, les films que tu regardes, les musiques que tu écoutes, les lieux où tu te rends, les gens que tu côtoies, les discussions que tu partages et entretiens, les informations que tu sélectionnes...

L'épigénétique est l'influence de ton environnement sur la réaction de toutes tes cellules, et c'est une de nos préoccupations prioritaires. Il est temps, à ton tour, que tu t'y intéresses pour respecter et honorer la vie de ce corps qui t'a été confié. Car c'est tout ce qui te constitue, t'alimente, et te construit.

Tu deviens la somme de tout cela, et tu en vis les rémanences.

Observe l'importance du rayonnement que cela porte sur ton humeur, ta santé, ta motivation, ta force, ton évolution.

Ton corps est ta boussole.

Il t'indiquera exactement et instantanément comment il vit ce que tu lui donnes, car il est programmé pour communiquer avec toi.

Sois à son écoute. Réapprends à ressentir ce qui est le meilleur pour lui.

Tu habites une machine ultraperfectionnée, capable de te faire entendre raison si tu ne rectifies pas ce qui demande à l'être.

De la qualité d'entretien de ton Vaisseau Mère dépend la qualité de ton voyage...

31

Le Monde des Amazones

Justesse ▲ Équité ▲ Droiture

VISITE GUIDÉE

Les guerres ancestrales ont permis l'installation d'une paix définitive sur ce territoire. Les Amazones sont devenues les Gardiennes de la Justesse, de l'Équité et de la Droiture.

Elles ont rendu les armes, au point de les avoir toutes détruites par le feu.

Le métal ainsi fondu fut utilisé pour ériger des totems en l'honneur de la nature et de la paix.

Elles entraînent leurs corps à la souplesse et à la rapidité, et vivent jusqu'à environ trois cents de nos années.

Leur Reine est considérée à la fois comme leur mère, leur sœur, leur amie.

C'est une société matriarcale qui ne prend que des décisions collectives votées à l'unanimité. Pas question qu'une des leurs soit seule dans sa vision, rejetée pour une idée différente de celles d'une majorité, ou insatisfaite de la décision collective.

Chacune est respectée avec le plus grand soin pour entretenir l'Harmonie. Aucun jugement n'est émis sur la différence quelle qu'en soit l'origine.

Elles œuvrent en solidarité totale avec les autres règnes et espèces, ainsi qu'avec leur environnement naturel dans lequel elles savent se fondre au point de devenir invisibles si elles le souhaitent.

Leurs hommes sont très rares, environ 5 % de leur population, et ils sont respectés pour leur participation à maintenir la survie de leur espèce.

Ils ont leur place pleine et entière au sein de la communauté.

Ils sont souvent artisans, et confectionnent des merveilles dont elles peuvent se parer : vêtement, bijoux, parfums...

Certains d'entre eux sont cosmologues dans un rôle de communication avec les règnes stellaires, ou herboristes selon le talent qui leur est assigné.

Les Amazones sont particulièrement proches des centaures qui peuplent leur monde. Ce sont des êtres silencieux et sages, présents à leurs côtés depuis la nuit des temps, et gardiens de leur histoire, avec lesquels elles communiquent d'Âme à Âme uniquement.

À la naissance de chaque Amazone, un centaure se présente comme frère de vie. Un lien d'unité se crée alors et nul ne peut le briser, même au-delà de la mort.

L'art sacré du tatouage est une institution, et est attribué au peuple centaure.

Chacun des leurs, imprégnés d'une Amazone, produit une encre, par une glande située à la base du cou, qu'il incisera le moment venu.

Chaque Amazone porte les signes de ses origines, des constellations qui ont accompagné sa naissance, ainsi que sa symbolique personnelle et unique, qui sera complétée et actualisée tout au long de sa vie.

Savoir lire leurs tatouages, c'est avoir accès à leur histoire.

C'est aussi la création du lien avec leur centaure, qui a mêlé son encre avec leur sang.

32

La Messagère des Amazones

«Retrouve la justesse en tout»

Un message t'est destiné aujourd'hui.

Écoute en toi ! Ton Âme connaît cette vibration !

Je me présente au nom de mon peuple pour convoquer ta Mémoire et réactiver tes souvenirs.

Souviens-toi de qui nous sommes : les protectrices de la Justesse, de l'Équité et de la Droiture, et il semble que tu aies oublié que tu portes en toi la Fréquence de notre Monde...

Quelle est cette guerre inconsciente que tu mènes contre toi-même et contre la vie ?

Quel est ce poison du « toujours plus » par lequel tu te laisses envahir ?

Quel est ce contrôle permanent que tu exerces sur tout ce qui t'entoure ?

N'as-tu plus confiance en rien ?

La vie n'est ni ton ennemie ni à tes ordres !

Elle n'est pas contre toi, mais elle ne te doit rien !

Qui es-tu devenue pour croire que tu peux contrôler la vie ?

Ton Âme est bien plus noble que cette petite fille qui trépigne, terrorisée par la peur du manque ou de ne plus être aimée !

Observe-toi sans complaisance en profonde honnêteté !

Ton attitude est-elle juste en toutes circonstances ?

Tes pensées, tes mots, tes actes sont-ils emprunts de droiture ?

Tes relations sont-elles saines et équitables ?

Redresse-toi et retrouve ta noblesse, celle que notre monde t'a transmise.

Cette noblesse humble et sage qui permet tous les miracles.

Te souviens-tu de notre devise ?

« Vivre sans jamais porter atteinte. »

Vis-tu sereinement ?

Ou portes-tu atteinte ?

Retrouve ta justesse légendaire, celle que tu exerçais dans notre monde, cette équité permanente nécessaire à l'attention et à la compréhension des préoccupations de chacun.

Es-tu juste envers cet autre qui te fait face ?

Es-tu juste dans les situations que tu traverses ?

Es-tu juste dans tes interprétations ?

Es-tu juste envers toi-même ?

Où se situe la place du respect dans ta vie ?

Le respect de l'autre envers toi, comme le respect de toi envers l'autre...

Avoir raison ou tort alimente grassement l'énergie de ton monde actuel.

Choisis de ne pas participer à ces divisions, et tu pourras renouer avec cette majesté qui nous caractérise.

33

Le Monde de la Lémurie

Douceur ▲ Amour ▲ Réconciliation

VISITE GUIDÉE

Souviens-toi…

Nous voici dans le Grand Temple de l'Amour.

Ce monde est le berceau de cette Conscience Pure sans laquelle la vie ne peut exister. L'Amour y est choyé, nourri, abreuvé, entretenu, expansé…

Il s'est développé ici une civilisation matriarcale à la fois douce et puissante, puisque, soutenue par l'unique vibration de l'Amour, elle ne connaît qu'épanouissement, prospérité, partage, beauté, accueil…

Toutes les structures sont construites en draperies et en rondeurs.

Les habitations représentent des bulles, des dômes, des coupoles, il n'y a pas d'angles, tout est adouci, et cette architecture toute en harmonie répand une paix profonde sur ses habitants.

Ici règne l'Osmose Absolue.

Difficile même à comprendre pour nous qui vivons dans notre monde de dualité.

Ici, c'est l'Unité qui règne, et c'est aussi un monde de création instantanée.

Chaque être fait UN avec tous les autres et tout ce qui l'entoure. Tout est en parfaite synergie. Ce qui se passe pour chacun est ressenti par tous les autres. Ainsi, l'histoire de chaque individu devient une véritable nourriture subtile pour l'ensemble de la communauté.

C'est ainsi que ce monde se développe. Chaque être, chaque lieu, chaque structure est amplifiée par tout ce qui l'entoure, et cet échange permanent et indéfectible crée une ambiance idéale à l'expérimentation de l'amour sous toutes ses formes et dans tous ses contextes.

Tous les peuples de tous les règnes en ce monde respirent et entretiennent la douceur en tout être, en toute chose, en tout lieu et en tout temps.

Leur quotidien est voué à la beauté, l'harmonie, la création, et la transmission de cette Énergie Sacrée. Tel est leur rôle essentiel. L'amour que chacun vit devient un élixir précieux qui alimentera tous les univers de sa substance.

La vie ici est calme, paisible, et on y remarque une certaine lenteur puisque tout est vécu en conscience et en délicatesse, avec une attention toute particulière à soi, à l'autre, et à l'ensemble de l'environnement.

Lorsqu'on observe les gens vivre, on remarque cette tranquillité ambiante.

Tout n'est que sourire, regard de douceur, attention, délicatesse, joie, raffinement ; et même si cela peut sembler le rêve, il peut devenir difficile pour nous, Âmes voyageuses incarnées dans la dualité terrestre, d'y demeurer trop longtemps en visite, car quoi que l'on puisse penser, il naît vite en nous une sensation de mirage ou de superficialité, comme si tout cet amour était « trop » alors que nous en rêvons toutes et tous...

Aucune agitation, aucune précipitation, aucune impatience, tout est accueilli dans son propre rythme de vie, et c'est une quiétude absolue au sein de laquelle l'Amour peut épanouir cette pleine sérénité, qui lui est refusée dans tant de mondes.

Ici est son berceau, là où il peut se ressourcer, se régénérer, avant de voyager pour se répandre là où son manque se fait cruellement sentir.

Ce monde célèbre l'Amour comme un être à part entière, qui se matérialise de toutes les façons possibles en jouant de toutes ses facettes.

L'eau et le *prana* sont ici les nourritures essentielles. C'est ce qui se réactive en premier en nous, lorsque nous devenons amoureuses, que nous perdons l'appétit, et que nous savons subitement être capables de vivre... d'amour et d'eau fraîche...

34

La Messagère de la Lémurie

«Aime noblement»

Ici, je vais te parler d'Amour au sens très large du terme, à travers tous ses visages...

L'amitié, l'amour amoureux, l'amour que tu portes aux animaux, aux arbres, aux fleurs, à la Terre, au ciel, au cosmos tout entier, à tout ce qui croise ta route, ta vie...

Toutes ces formes d'Amour qui te rappellent qu'il est partout, et que ses facettes sont multiples et infinies.

Alors, toi...

Où se situe ton Amour?

Où réside-t-il en toi?

Comment l'alimentes-tu?

Comment le partages-tu?

Quel est ton rapport à l'Amour?

Qui et quoi aimes-tu ?

Comment aimes-tu ?

Te laisses-tu aimer ?

Imposes-tu des conditions à l'Amour que tu donnes et à celui que tu reçois ?

Des questions essentielles à te poser pour te situer dans l'Univers de l'Amour, et situer l'Amour dans ton Univers de vie...

L'Amour est, et sera toujours, une énergie libre et sauvage qui visite les êtres sans prévenir, en s'autorisant à tout chambouler à l'intérieur comme à l'extérieur.

Il transporte dans un autre monde, influence le temps en le rendant éternel ou furtif, bouscule ta boussole interne et ton horloge biologique...

C'est un puissant transformateur, et il peut tout construire comme tout balayer, selon la place que tu lui accordes.

Que vis-tu en ce moment ?

As-tu besoin de porter une attention particulière à un plan de ta vie d'où l'amour est absent ?

As-tu besoin de te laisser porter par une situation à laquelle tu résistes ?

Te sens-tu en dépendance affective ?

Ressens-tu un manque d'amour dans ta vie ?

Quoi qu'il en soit, laisse à cette énergie tout le loisir de te traverser quelle que soit sa provenance. Laisse-lui l'opportunité de te nourrir, de te réveiller à toi-même...

Par quel aspect l'Amour t'a-t-il visitée dernièrement ?

Car, oui, il t'a visitée, indubitablement, puisque rien ni personne ne peut vivre sans amour...

Était-ce un papillon merveilleux qui s'est posé près de toi ?

Était-ce ce petit hérisson qui traversait ton jardin ?

Était-ce cette jonquille fleurie en ce premier jour de printemps ?

Était-ce cette neige tombée pendant la nuit ?

Était-ce ce sourire croisé au cours d'une promenade ?

Était-ce ce vent qui a caressé ton visage ?

Était-ce ton chien qui a léché tes larmes ?

Était-ce ton chat qui est venu ronronner sur tes genoux ?

Était-ce ce parfum de fleur au détour d'un sentier ?

Était-ce cet être qui t'a déclaré la flamme de son cœur ?

Était-ce ce petit lieu recherché depuis longtemps qui s'est enfin révélé ?

Était-ce... ?

À toi de compléter...

Car, tu vois, tu l'oublies trop souvent, mais l'Amour est partout et il trouvera toujours le moyen de te rejoindre, pour alimenter ton cœur et ton Âme, afin de te permettre de vivre, ne serait-ce qu'un jour de plus...

Quoi qu'il se passe, garde toute ta noblesse, en lui faisant honneur de t'avoir illuminée de l'intérieur comme de l'extérieur.

Et surtout souviens-toi...

Ne mendie JAMAIS l'Amour de quiconque.

Ce n'est digne, ni de Lui, ni de Toi.

Aime noblement, et laisse-toi aimer avec élégance en respectant tous les aspects qui se présentent à toi.

C'est un moment particulier pour faire le point sur l'amour que tu portes à la vie, et sur l'amour que la vie t'offre chaque jour...

35

Le Monde des Glyphes

Codes ▲ Langages ▲ Informations

VISITE GUIDÉE

Souviens-toi de ce monde où tous les codes informatifs de langage sont nés.

C'est d'ici qu'ils sont diffusés dans tous les Multivers, afin d'ensemencer la conscience des peuples, à travers une rémanence ajustée à leur plan d'évolution.

En ce monde vivent les Gardiens des Glyphes, créateurs des cercles de culture qui apparaissent dans nos champs de blé en été. Ces merveilleuses géométries finement tissées et ultra-complexes, dont l'humanité est incapable d'en expliquer tant la provenance que la fonction...

C'est un monde holographique où l'on peut observer les créations symboliques flotter comme en apesanteur, comme si elles attendaient d'être choisies pour œuvrer à leur fonction, parfois harmonisante, parfois transmutatrice, parfois stimulante...

Une sorte de zone de stockage permanent, où les géométries, symboles et autres sceaux sacrés sont entreposés au fil de leur création, et maintenus actifs, voire vivants, jusqu'à leur attribution spécifique.

Ce Monde des Glyphes est évidemment en reliance avec tous les autres mondes, plans, dimensions, et énergies fondamentales, pour lesquels il crée les multimétries appropriées, ou contribue à leur naissance dans l'esprit d'un « artiste » qui œuvrera sous guidance…

Les créateurs de ce monde savent capter la quintessence d'une émergence pour la mettre en forme, et tous ces prototypes créés sont d'une beauté qui dépasse l'entendement.

Le simple fait de les regarder agit sur le cellulaire, l'Âme, l'Esprit, afin de réparer ou muter, booster ou adoucir, créer ou déconstruire…

Les Gardiens des Glyphes ont également pour mission de permettre l'émergence et le rayonnement des ondes spécifiques, d'une plante, d'un arbre, d'un animal, d'un être humain, d'une construction… d'une planète… d'une étoile…

Chaque être, chaque chose possède sa propre émanation que l'on nomme la Signature Fréquentielle : une bibliothèque informationnelle dans tous ses plans simultanés.

C'est cette émanation qui nous «fait choisir» telle chose, telle couleur, tel endroit, puisque ce choix ne peut se faire qu'en parfait accord harmonique avec notre propre Fréquence.

Tout, absolument tout, rayonne d'informations, et impacte l'environnement dans lequel il se tient. Toutes ces Fréquences interagissent en permanence dans des vagues d'impulsion et répulsion, afin que les bonnes informations circulent vers leurs destinataires, et qu'un certain équilibre soit maintenu dans les environnements...

Dans le Monde des Glyphes, les Fréquences, en plus de se ressentir, se voient à travers les majestueuses formes qu'elles produisent.

36

Le Messager des Glyphes

« Déploie ton Langage Originel »

Tu es une mine d'informations, tu l'as juste un peu oublié.

Tu es une déclaration permanente de Qui tu es.

Sans que tu aies besoin d'y penser, sans que tu en sois consciente, ta Fréquence diffuse ton message originel, celui qui dit précisément « Qui tu es » au-delà de toutes interprétations ou « légendes ».

Et c'est pour répandre ce code de langage informationnel qui te représente que tu as justement choisi de t'incarner ici, car il est un maillon nécessaire à l'expression de la vie, le temps de ton séjour.

La Fréquence qui t'est allouée révèle une « architecture », un symbole très complexe qui informe tous les environnements que tu traverses, ainsi que les personnes que tu croises.

Lorsque les auras se mélangent, elles échangent une foule d'informations dont tu n'as même pas conscience. Tu es un arc-en-ciel d'informations permanentes que tu partages avec tout ce qui t'entoure.

Tout en toi est langage : ton regard, ton attitude, tes paroles, tes gestes, le timbre de ta voix, les couleurs dont tu décides de te parer, ton style vestimentaire, tes goûts, ton humeur, etc.

Et au-delà de tout ça... le symbole géométrique de ta Fréquence.

Je ne te parle pas ici de l'interprétation que les autres feront en te rencontrant, je te parle de l'énergie qui t'habite, de la vibration que tu dégages, des couleurs de ton aura, de l'architecture géométrique qui est ton symbole d'être.

Elle a parfois été appelée *Merkaba*, et c'est bien là la définition la plus proche, car elle est ton véhicule ascensionnel. Elle te contient tout entière, tout en t'habitant. Elle te protège aussi en filtrant certaines énergies, mais il t'appartient de l'entretenir.

Tu es une source informative pour la vie qui t'entoure autant que pour celle qui t'habite. Tu crées ainsi un Langage originel avec la vie elle-même.

Tu es un canal de résonance, de réception et de diffusion.

Il est important ici que tu maintiennes l'accord avec toi-même dans ce que tu es au plus profond de toi et ce que tu exprimes à l'extérieur. C'est là que tu ne dois pas te mentir, mais au contraire te révéler telle que tu es dans ta Quintessence.

Cultive un accord parfait entre tes pensées, tes paroles et tes actions.

Ta Fréquence ne ment jamais. Et par ailleurs, elle n'est absolument pas modifiable par quelque procédé que ce soit.

Quoi que tu fasses sur les plans énergétiques ou vibratoires, ta Fréquence rétablira toujours la vérité de qui tu es, car si quoi que ce soit cherche à modifier la forme de ta propre architecture subtile, sache que c'est une enveloppe *à mémoire de forme* qui retrouvera très vite sa véritable structure.

Alors ne cherche pas à montrer une autre image de qui tu es, car l'émanation de ta Fréquence te trahira. Et toutes les démonstrations que tu pourras faire seront perçues comme fictives.

Sois simplement fière de déployer le rayonnement de ton Langage originel, et ton Âme aura toute latitude à s'épanouir dans sa plus juste évidence.

37

Le Monde des Pyramides

Inspiration ▲ Créativité ▲ Inventivité

VISITE GUIDÉE

Souviens-toi de ce monde si porteur de futur, qui tisse en vagues perpétuelles la trame d'équilibre des réseaux de pensée.

Un monde étroitement relié au « chaudron magique » du vide quantique incubateur de tous les possibles. Ce vide où virevoltent les quantas, petites molécules vierges en attente de capter l'énergie d'un rêve à accomplir, d'une invention à réaliser, d'un projet à développer.

Un « vide » où tous les « faire » prennent naissance...

Ici sont maintenues toutes les potentialités d'inspiration.

Ici poussent les racines de la créativité.

Ici bouillonne le magma de l'inventivité.

Le monde des pyramides contient un vaste réseau qui répand son rayonnement à l'infini. Chaque structure pyramidale est le réceptacle d'une énergie incommensurable et auto-alimentée, qu'elle laisse jaillir en son sommet pour rejoindre et entretenir la trame originelle.

On remarque des formes variées de pyramides selon la résonance de la fonction tenue.

Certaines sont faites de plusieurs étages indépendants, capables de s'emboîter ou de se diviser à la demande…

Certaines s'ouvrent en leur centre, d'autres sont couvertes d'inscriptions lumineuses et vivantes agissant sur une Fréquence particulière afin de leur conférer une indépendance de mouvement et de rayonnement spécifique…

D'autres encore sont inversées, couplées, aériennes ou holographiques…

Tous leurs états sont rendus possibles ici.

Chaque structure pyramidale est investie d'une Fréquence distincte soutenant son propre champ de conception, et il est facile de leur concéder une certaine vivance latente et évolutive…

Certaines pyramides ont ceci de très particulier que l'intérieur est beaucoup plus vaste que l'extérieur. Elles sont aptes à contenir des mondes, et à les transporter à destination.

Les pyramides aériennes sont des vaisseaux capables de se déplacer dans la plus parfaite invisibilité si besoin. Elles ont pour fonction de matérialiser d'autres pyramides en des lieux de l'Univers où la trame a besoin de soutien.

Il y a des pyramides partout dans les Multivers, visibles ou non.

Sur Terre, il y en a dans tous les environnements, sur et sous la surface ainsi qu'au fond des océans. Beaucoup ne sont pas encore découvertes et ne le seront jamais, car de leur secret dépend la bonne marche de la circulation de la pensée créatrice et inventive, ainsi que le réseau d'inspiration.

Tous les artistes sont, consciemment ou non, connectés à cette trame.

Elle les relie à tous les espaces et temps, porteurs de leurs futures réalisations.

La technologie de ce monde dépasse l'entendement humain.

Est ainsi maintenu un immense maillage électromagnétique multiplanétaire, qui peut également interagir sur des Fréquences bien plus larges que les réseaux dont je te parle ici, selon les environnements et leurs besoins...

C'est entre autres ce que des inventeurs tels que Nicolas Tesla avaient approché...

38

Le Messager des Pyramides

« Déploie tes talents et ton génie »

Ne reste pas seule dans ton coin à ruminer que le monde n'est pas ce qu'il devrait être en te sentant impuissante et trop « petite » pour participer aux changements dont tu rêves.

Tu es née pour ajouter de la valeur à ce monde !

Que tu en sois consciente ou pas, personne n'est ici sans une bonne raison.

Ce n'est pas uniquement pour y vivre des expériences et « apprendre » la vie, c'est également pour participer à son développement, chacun à sa mesure.

Tu es arrivée avec des talents innés bien précis, avec cette singularité qui te rend essentielle dans la trame de vie de la Terre pour le temps de ton séjour.

Tu as du génie, tu l'as juste oublié. Certaines circonstances l'ont peut-être malmené et tu n'y crois plus, ou bien cela te fait trop peur pour que tu oses t'en souvenir...

Explore tes profondeurs pour rencontrer ce talent qui fait de toi cet être si particulier.

Tu es unique, et il serait bon que tu t'en souviennes chaque matin quand tu te réveilles, chaque jour que tu vis, et lors de chaque projet que tu ébauches...

Si tu ne sais pas comment reconnaître ce talent qui te définit, regarde ce qui te fait rêver, ce qui te fait vibrer, ce qui te fait perdre la notion du temps, ce qui te rend heureuse tout au fond de ce cœur humain qui palpite en toi, ce qui te fait sourire à ton insu...

Tu as peut-être étouffé cette singularité, pour quelque raison que ce soit, mais il est temps de la raviver pour renouer avec ce qui te caractérise, car c'est cette spécificité que le monde attend que tu lui offres.

Laisse agir ton imagination, ta créativité, laisse-toi infuser de l'inspiration du monde et des univers, invente, crée, rêve...

Tu es reliée aux besoins de ce monde, et tu as invariablement la capacité à œuvrer pour contribuer à l'évolution de la trame collective de la vie.

Laisse parler tes talents.

Danse, chante, dessine, écris, crée des merveilles pour faire rêver le monde et réconcilier l'humain avec la beauté, invente des musiques, des machines, des bijoux, des techniques de toutes sortes…

Il est temps que tu cesses d'être ce que tu fais…

Pour enfin faire ce que tu es…

39

Le Monde des Glaces

Impermanence et Renaissance

VISITE GUIDÉE

Souviens-toi de ce monde aux couleurs douces et diaphanes.

Un monde où le blanc domine, se dessinant sur la toile des aurores boréales.

Ici vivent les Hyperboréens, des êtres à l'origine éthérée presque transparents, mais qui savent se matérialiser si besoin.

On observe alors que leur visage contient à lui seul toutes les étapes de l'âge. Il n'est pas rare de remarquer la jeunesse et la vieillesse sur un même visage.

Leur regard est d'une puissance incommensurable. Dotés de deux iris, ils peuvent ainsi percer les secrets des aurores...

Ils sont les Gardiens des cycles Vie – Mort – Renaissance de toutes les espèces vivantes des Multivers, ils sont les Maîtres de l'impermanence.

Ils président à la Renaissance de toute chose et de tout être vivant.

Ce sont les porteurs d'espoir au sein des cycles de transmutations, pour lesquels ils veillent à ce que rien ne disparaisse, mais que tout se transforme en une nouveauté adaptée au futur en devenir.

Ils vivent dans des structures de glace, semblables à des vaisseaux cubiques, aux lignes à la fois épurées et harmonieuses. De véritables palais à la fois d'une grande sobriété et magnifiquement ouvragés de symboles galactiques, propres à guider leur mission...

Ces palais-vaisseaux sont installés au bord d'un océan qui ne gèle jamais, car l'eau est la nourriture essentielle de ces êtres d'une tout autre densité.

C'est un monde d'aurores boréales permanentes.

Ici, seule la lumière interagit avec l'environnement. Elle ordonne les cycles dans l'espace et le temps, et ce sont les couleurs émises dans le ciel qui informent les Hyperboréens de la qualité des renaissances universelles.

Ils savent « lire » les aurores vivantes.

Ce sont des êtres très particuliers qui se déplacent en glissant à quelques centimètres du sol quel qu'il soit. La maîtrise parfaite de leur esprit leur permet de circuler dans une fluidité absolue sur n'importe quelle surface, que ce soit l'eau, la glace ou la roche, et ils pratiquent la téléportation instantanée pour les longues distances.

C'est un lieu à la paix palpable, où l'importance des métamorphoses prend tout son sens.

Ici vivent quelques rares animaux, tout aussi gardiens de la mission de Renaissance. Quelques cétacés dans les eaux de cet océan aussi limpide que de la lumière liquide, et de grands papillons aux ailes semblant faites de glace irisée où se reflètent les lumières des aurores...

Un monde porteur de cette espérance que rien ne disparaît totalement, que tout se transforme, et que rien ne se perd vraiment...

Un monde gardien des transmutations, métamorphoses, et changements de toutes sortes...

Un monde garant de l'évolution de la Vie...

La Vie est une succession de mutations.

La Mort est une Vie qui a muté.

La Renaissance est la promesse que rien ne meurt jamais vraiment.

40

La Messagère des Glaces

« Tu renaîtras toujours »

Ne crains rien, tu renaîtras TOUJOURS.

Le seul paramètre qui peut te refuser cette renaissance, c'est TOI !

Tout ce qui se termine renaît sous une autre forme, c'est la loi de la vie. La nature a horreur du vide, et elle remplace en permanence ce qui s'est délité, ce qui a disparu, ce qui a pris fin…

Elle le remplace toujours, même si parfois, c'est par quelque chose de totalement différent.

Alors garde tout ton espoir, et nourris-le, car si tu es face à ce message aujourd'hui, c'est probablement que tu as baissé les bras, que tu ne crois plus en la suite des choses ou des événements, que tu démissionnes de la vie peu à peu, sans même t'en rendre compte…

Dis-toi que rien ne dure, absolument rien, puisque tout est voué au changement, à la mutation…

C'est la loi de l'évolution.

Il te reste à intégrer cela pour construire ta sécurité intérieure, car tu restes la maîtresse de ce que tu feras de ce qui se présente à toi.

N'oublie pas que tu meurs et renais en permanence.

Lorsque tu changes de lieu, même de quelques pas, tu meurs au lieu précédent pour naître au lieu suivant.

À chaque instant, chaque jour, heure, minute, seconde, nanoseconde, tu meurs pour renaître à l'instant suivant.

Et tu vois, tout se passe bien, tu ne t'en rends même pas compte.

À chaque renaissance, tu es différente, tu es plus forte, plus expérimentée, plus informée, plus... plus... plus... même si tu n'en as pas toujours conscience.

Il est important de vivre pleinement tout ce qui se présente, sans t'inquiéter de sa finalité, de ce qu'il adviendra.

Vis et c'est tout !

Ce qui se passera ensuite n'est pas de ton ressort mais du nôtre.

Nous sommes les Gardiens Veilleurs de chaque Renaissance, je te laisse imaginer l'ampleur de notre tâche...

Nous veillons au bon « fonctionnement » de la continuité des êtres et des choses, des lieux et des temps, de la bonne marche de la dégénérescence pour permettre à l'énergie du Phénix d'œuvrer dans les meilleures conditions.

Alors vis, meurs, et recommence, c'est ce que tu fais tout au long de ta vie, sans t'en apercevoir.

La vie est une succession de petites morts en attendant la « grande mort », celle qui permettra LE passage vers le palier suivant, si tant est que ses conditions soient naturelles.

Tout en toi est immortel, même tes cellules physiques sont capables de se reproduire à l'infini, si leur parcours n'était pas interrompu par les anciennes programmations... Mais cela est une autre histoire...

Toutes les étapes que tu traverses, tous les échelons que tu gravis te permettent de devenir qui tu es vraiment.

Ne regrette jamais la fin d'une histoire, d'une situation, d'une relation, ou d'une activité, c'est la suite logique qui te mène à la prochaine version que tu as choisie de devenir.

Rien n'est figé, pas plus toi que tout le reste des mondes.

Regarde ton évolution depuis ta naissance, car c'est bien de là qu'il faut observer, pas depuis hier ou même l'année dernière.

Si tu as le moindre doute sur ta capacité de transformation et de Renaissance, regarde le chemin parcouru, et tu sauras que rien ne peut t'arrêter, même si tu en doutes le plus souvent...

Vis, meurs et renais, à toi-même, aux autres, et à la vie !

Parce que c'est le chemin que tu t'es choisi, parce que tu ne peux pas te tromper, parce que ton chemin est déjà quelque peu tracé, même si tu peux toujours en dessiner certains contours...

Ton Âme sait ce qu'elle fait.

Ton Âme sait où elle va.

Ton Âme connaît tous les chemins de vie possibles à sa disposition.

Et c'est son choix qui fera la qualité du voyage et des découvertes.

Alors abandonne-toi à la vie, et fais confiance à ton Âme !

41

Le Monde des Métamorphes

Masques ▲ Illusions ▲ Projections

VISITE GUIDÉE

Souviens-toi de ce monde où l'illusion a acquis ses lettres de noblesse.

Le monde du tout et son contraire…

C'est un endroit où, dans tout ce que tu vois, il existe tous les visages et toutes les formes possibles. Ici, tout contient le « Tout Possible ».

Regarde un paysage et ferme les yeux ne serait-ce qu'un instant.

Lorsque tu les rouvriras, tout aura changé.

Ce que tu avais vu n'est plus, c'est autre chose, et pourtant tu n'as pas bougé, ni changé ta place ou l'orientation de ton regard.

Car ce monde est fait d'un mystère...

Le mystère du métamorphisme...

Tout ce que tu regardes, tu l'interprètes instantanément, consciemment ou non, et la capacité de ce monde est de capter ta pensée pour la devenir...

Ici, tu ne peux t'arrimer à rien, tu ne peux construire aucun repère, aucune référence. Tout est ce qu'il est, et tout ce qu'il n'est pas... Et cela, simultanément.

Tout le challenge réside dans le fait de recevoir ce qui est sans chercher à ce que ce soit autrement, tout en acceptant que ce soit également autre...

Ne pas s'attacher à la forme, à l'image, à la version...

Les êtres, qui vivent ici, sont des magiciens métamorphes. De véritables caméléons, mais au niveau de la forme et pas seulement de la couleur.

Ils ont assimilé l'art de la transformation de leur environnement.

Ils ont la capacité de changer d'apparence par leur simple volonté.

Ainsi, un être à forme humaine peut se transformer en animal, en arbre, en quoi que ce soit pour se fondre dans son environnement, ou pour acquérir les aptitudes de la forme qu'il choisit d'adopter.

Mais quelle que soit l'apparence choisie, l'être reste lui-même, avec son caractère, ses valeurs, son histoire. Tout ce qui le constitue à l'intérieur...

Alors ici, tu apprends qu'il ne faut pas se fier aux apparences...

Qu'il est inutile de juger au premier regard...

Que la première impression ainsi que toutes celles qui suivent ne sont jamais les meilleures...

Que toutes les apparences peuvent être trompeuses...

Qu'il faut bien s'informer avant d'interpréter un être ou une situation...

Et surtout... surtout...

Qu'il est important de prendre le temps de connaître les êtres, en visitant leur cœur et leur Âme, pour que, quelle que soit l'apparence qu'ils choisissent de te montrer, tu saches réellement ce qu'ils portent en eux...

42

Les Messagers des Métamorphes

«Regarde au-delà de ce que tu vois»

As-tu cette fâcheuse tendance à croire tout ce que tu as devant toi, sans chercher à approfondir?

Ou, au contraire, à rechercher le véridique derrière le superficiel, de façon maladive?

As-tu cette propension au jugement hâtif systématique?

Ou, au contraire, cette tendance à trouver toutes les excuses nécessaires à t'empêcher de remettre les choses, les situations et les gens (et toi-même) en question?

Alors, aujourd'hui, je t'invite à voir au-delà de ce qui t'est montré.

Mais cela en toute intelligence, en toute compréhension, et en toute bienveillance.

Ne te fie JAMAIS à l'apparence!

Car derrière se cache une autre vérité.

Cette vérité qui est parfois trop belle pour être partagée, et que l'être veut garder jalousement pour lui seul, comme un trésor précieux...

Cette vérité trop moche pour être montrée parce que l'être qui la porte en a honte, et a peur d'être rejeté ou abandonné...

Cette vérité non assumée, encore trop jeune pour être exposée...

Bref, toutes les vérités quelles qu'elles soient ont leur raison de porter des masques, de se travestir, de se voiler.

Le masque que chacun porte est adapté à la circonstance qu'il traverse à ce moment précis, mais n'est pas représentatif de QUI il est.

Il est bon, avant de juger, de comprendre pourquoi tel masque a été utilisé, car c'est cette indulgence qui le fera tomber.

Chaque être, derrière une attitude, une expression, un regard, un rire, protège son propre jardin, avant de jauger si l'autre est apte à y entrer, avant de décider s'il peut l'inviter.

Cela est aussi applicable aux situations.

Souvent, pour ne pas dire toujours, elles ne sont pas ce qu'elles semblent être, elles ne mènent pas là où tu crois. Elles sont simplement le bon message de la vie au bon moment, même si tu en doutes.

Même chose pour tes choix et décisions.

Au-delà de la satisfaction ou de la facilité immédiate, regarde un peu plus loin pour en mesurer les répercussions et les conséquences...

Alors prends le temps de regarder au-delà des apparences immédiates, au-delà de ce qui t'est montré dans l'instant, au-delà de ce qui te semble évident et qui est bien plus complexe que ce qu'il n'y paraît...

Tu découvriras des trésors et des opportunités insoupçonnées...

Tu sauveras des amours et des amitiés...

Tu accompliras des rêves et des projets...

Et tu oseras affronter tes propres vérités !

Comme chacun de celles et ceux que tu rencontres, tu es un être métamorphe en puissance, tu sais endosser des rôles, des costumes, des masques, des styles, des humeurs...

Alors reste humble et compréhensive face aux autres qui sont exactement comme toi, parce que tu es exactement comme eux... aussi ! Quoi que tu choisisses d'en penser, quoi que tu oses t'avouer, et quel que soit le courage que tu aies pour l'assumer !

43

Le Monde Transitoire

Responsabilités ▲ Choix ▲ Engagements

VISITE GUIDÉE

Souviens-toi de cet endroit… Ce n'est pas tout à fait un monde.

C'est un lieu interdimensionnel baignant dans une paix intense et profonde.

Un endroit de repos, de réparation et de ressourcement, où les Âmes se retrouvent entre deux vies…

C'est là que, à l'issue d'une incarnation, l'Âme se dépose et crée les futurs liens dont elle aura besoin dans ses vies suivantes.

Ici, le lieu se scinde en plusieurs espaces où le paysage est reposant, et à la fois hétéroclite…

Plusieurs secteurs disparates se côtoient, car certaines Âmes créent l'image de l'environnement qu'elles viennent de quitter pour se sécuriser, le temps que la transition s'effectue pleinement, le temps de se laisser aller, pour accepter leur nouvel état d'être, et rejoindre le « Jardin » propre à ce monde, où l'Âme trouve enfin le repos nécessaire à cicatriser ses blessures, à se dévêtir de ses souffrances et de ses rôles, et où la préparation au prochain passage se fait plus douce…

C'est ainsi un environnement où peuvent se côtoyer des gratte-ciel new-yorkais et des temples grecs, des plages aux palmiers luxuriants et des sommets enneigés, ainsi que d'autres espaces exoterriens qu'il te serait difficile de concevoir…

Les Âmes ont gardé leur dernière enveloppe physique pour la plupart, mais de manière éthérée. Ainsi, on assiste au spectacle de cette foule d'êtres à la transparence diaphane, portant cependant la lumière de leur Âme qui brille en eux.

Mille couleurs se côtoient, celles que tu connais et tellement d'autres encore indescriptibles et inimaginables à tes yeux.

La couleur des Âmes n'est pas à interpréter. Elle représente parfois le degré d'élévation, parfois l'ampleur de l'histoire vécue, parfois l'espoir ou le chagrin, parfois seulement la couleur préférée de l'être.

C'est cependant un tableau merveilleux que de voir circuler toutes ces lumières, qui parfois se fondent le temps de se pardonner, de se comprendre, de faire enfin la paix, de prendre rendez-vous pour une prochaine aventure…

Il y a ici une harmonie palpable.

En ce lieu, le temps n'a pas cours, et les Âmes présentes peuvent choisir de rester autant qu'elles le souhaitent.

Certaines, avides d'expériences ou pressées de reprendre là où elles se sont arrêtées, se préparent à une nouvelle exploration.

D'autres choisissent de flâner le temps nécessaire à retrouver le repos et le courage de reprendre le voyage...

Rien ni personne ne pousse qui que ce soit à l'urgence.

Le respect du chemin prend tout son sens ici.

C'est aussi là que se nouent les « contrats » d'Âmes, les pactes et les promesses. C'est là que se jouent les prochains engagements, et chaque Âme est tout aussi heureuse d'en aider une autre dans sa prochaine expérience, que d'être aidée en retour...

44

Le message de Rëyan, Gardien des Transitions

«Assume tes engagements de Vie»

Je suis Rëyan, l'un des gardiens de ce lieu.

Mon rôle est d'accueillir les arrivées et d'accompagner les départs.

Je participe à libérer les Âmes trop liées à leur expérience passée.

J'ai vu tout ce qu'il y a à voir, reçu tout ce qu'il y a à recevoir, entendu tout ce qu'il y a à entendre, et recueilli tant de confidences...

Je veille au repos et au ressourcement des Âmes en séjour, et je les prépare à leurs prochains voyages.

Pour les Âmes en demande, nous faisons ensemble le point sur ce qui a été intégré, et ce qui reste à accomplir. Je leur offre l'opportunité de générer la clarté nécessaire à des choix judicieux, et à des décisions appropriées...

Si je suis là aujourd'hui, c'est pour attirer ton attention sur ta responsabilité propre envers les conséquences de tes choix et décisions.

Souvent, tu rages envers certains résultats qui ne s'avèrent pas conformes à tes attentes.

Je suis là pour te rappeler que toutes tes décisions sont prises en ton âme et conscience, et qu'aucune erreur n'est commise.

Ni dans tes choix, ni dans les résultats qui te sont livrés.

Dois-je te rappeler que tu ne peux pas te tromper ?

C'est une Loi Universelle.

Aucune de tes décisions, ni aucun de tes choix n'est une erreur.

Aucun chemin emprunté n'est un égarement.

Il est temps de comprendre que c'est la puissance de ton engagement dans tes intentions, et leur mise en œuvre, qui est le plus important.

Le résultat n'est qu'une réalisation parmi toutes celles disponibles, et chaque résultat quel qu'il soit se présente pour ton plus grand bien, même si tu ne le comprends pas immédiatement…

Souviens-toi aussi des engagements que tu as noués ici avec d'autres Âmes que tu as prévues de retrouver pour vivre de nouvelles aventures.

Ce que tu es pour l'autre, et ce que tu lui offres, t'a été demandé par cet autre.

Ce que l'autre est pour toi, et ce qu'il t'offre, tu le lui as demandé dans un but bien précis.

Tous les contrats qui se nouent ici sont oubliés lors de la résurgence, ceci dans la grande bienveillance de la vie, sinon l'expérience ne serait pas aussi enseignante...

Tout ce qui a été conçu dans le secret de ce lieu doit rester une surprise pour toi afin que tu puisses t'émerveiller ou te sentir démunie, telle est la puissante valeur de cette réalité.

Te rappeler que si quelqu'un t'apporte du souci, de la peine ou du malheur, c'est que tu le lui as demandé, pour comprendre un peu plus de toi-même, dépasser certains traumatismes, ou simplement apprendre à oser t'opposer.

Il ne fait que tenir ses engagements envers toi.

T'imprégner de cela t'aidera à prendre de la hauteur devant certaines situations...

C'est bien évidemment la même chose pour ceux qui t'apportent amour, aide et soutien...

Regarde l'autre comme un ami fidèle qui t'offre le message qui te manquait, un ami qui honore ta demande, qui tient sa promesse envers toi, une Âme qui ne te trahira jamais face à votre accord préalable.

Blâmer ou condamner ne sert à rien, sauf à nier et rejeter le contrat que tu as conclu avec toi-même autant qu'avec l'autre.

Redeviens pleinement responsable de ce que tu reçois chaque jour de ton expérience. Il n'y a pas d'erreur, pas de fausse route, pas d'errance, ni d'infidélité envers les besoins de ton Âme.

Assume ce que tu reçois, comme la livraison de ta commande, même si tu ne t'en souviens plus. Recentre-toi dans ton plein engagement envers tes choix, et envers ta pleine puissance.

Tu fais corps avec ta vie, et vous êtes indissociables.

Vous êtes l'une et l'autre, le reflet de l'autre et l'une.

Elle te montre en permanence qui tu es au travers des rencontres, des événements, des informations que tu traverses...

Et tu la nourris en permanence de ce que tu deviens afin qu'elle s'ajuste aux versions successives de toi-même.

Bonne route Âme voyageuse, le chemin est infini et merveilleux...

Parce que c'est celui que tu t'es choisi...

À propos de l'auteure

Je suis exploratrice de l'Âme et des Mondes Oubliés.

Canal de l'Âme depuis toujours, hypersensible et atypique, je pratique la lecture d'Âme instinctive depuis plus de trente ans.

C'est en « surfant » sur l'espace-temps, afin de collecter les informations nécessaires à chacun, que je guide les êtres à la rencontre de leur véritable nature et de leur raison d'être pour leur permettre d'accorder leur singularité à la vibration de ce monde.

Ces années d'expérience en lecture d'Âme m'ont permis d'identifier un profil très spécifique à la sensibilité atypique, qui se sent ici comme en Terre inconnue, et démuni face à ce monde et cette humanité...

J'ai nommé ***les Âmes Stellaires*** !

Et c'est parce que je suis l'une d'entre elles que je sais qu'elles ont besoin d'une autre dimension d'écoute et de soutien.

Toujours très attentive à l'ère du temps et aux besoins évolutifs de l'humain, j'accompagne celles et ceux qui ne se reconnaissent pas dans ce monde pour que, au-delà de l'humain souffrant, l'âme se sente comprise et soutenue, afin qu'elle puisse se reconnecter à ses origines, et se réconcilier avec son choix d'incarnation...

C'est dans cette dynamique que j'ai écrit le livre *Es-tu une Âme Stellaire ?*, paru aux Éditions Trédaniel, et qui a déjà reçu un accueil très chaleureux de nombreux lecteurs et lectrices.

Il est le premier livre traitant de la personnalité des Âmes Stellaires et de leur parcours terrestre, un véritable livre de bord et carnet de route, pour se reconnaître, se sentir soutenue et s'orienter en ce monde.

Notre vie n'est qu'un voyage...

Merci de faire partie du mien...

Pour aller plus loin,
rendez-vous sur...
www.beatricebonnin.fr

Béatrice

À propos de l'illustratrice

Coucou, je m'appelle Mélanie, je suis illustratrice et artiste dans l'âme.

Mes capacités de clairvoyance et de clairaudience complètent parfaitement ma créativité et mes envies artistiques. J'aime le challenge et le travail de cocréation avec des âmes passionnées.

J'ai toujours eu un imaginaire très fourni, où la simple contemplation de ce qui m'entoure me donne l'envie de le poser sur papier ou sur ma tablette.

Ma créativité s'exprime sur différents supports : aquarelle, crayon, tablette numérique...

J'aime par-dessus tout créer des univers artistiques qui te ressemblent au travers d'oracles, d'ouvrages ou autres...

Je travaille aussi sur commande pour des portraits de vous, de vos animaux...

Sur mon site, tu trouveras toutes les infos :

www.melangeandco.fr
@mel_ange.and.co
Mel'Ange & Co

Bises étoilées,

Mel

pca
cmb
édition pré-presse
livres numériques

44400 Rezé